ちょっと
フレンチな
おうち仕事

タサン志麻

L'ortolana
GAP

Recettes ultra-rapides
LE GRAND LIVRE Marabout DE LA CUISINE FACILE DES LÉGUMES
De la Vigne à l'A
LA PATISSERIE
Assiettes gourm
TASTE OF A HEALTHY LIFE
tartes rustiques
GÂTEAUX DE MAMAN
Petits plats à la mijoteuse
UNE PLAQUE ET AU FOUR
LES CARNETS DE JULIE
LES CARNETS DE JULIE
ma p'tite cuisine
LAROUSSE DES DESSERTS
DE LA BONNE CUISINE MAISON
120 RECETTES POUR MON BÉBÉ
LE RÉPERTOIRE GOURMAND DES LÉGUMES
COMMENT LE CUISINER
CUISINER !
280 RECETTES
LAROUSSE
flexitarien
JO PRATT
PAPILLOTES
marabout chef
Recettes POUR MA TRIBU
LES NOUVEAUX APÉROS
SUPER FACILE
SUPER FACILE
SUPER FACILE
SUPER FACILE
Soupes repas
Cakes, quiches et tartes
petits plats familiaux
moins de 10 €
Recettes gourmandes en Gironde
Aquitaine
Petites Cocottes
COCOTTES ET MIJOTÉS
Languedoc-Roussillon
CUISINE et TRAVAUX PRATIQUES
MICHEL GUÉRARD
LA CUISINE GOURMANDE
MICRO-ONDES
SANS FOUR
Desserts de nos régions
UN SEUL PLAT AU FOUR

40
40
40
P
24h
Convenience Store
BOOK STORE
カーブ注意
カーブ注意

はじめに

私は日本で生まれ育ち（山口県出身です）、フランスとはまったく関係なく育ちました。そんな私がフランスに出会ったのは、調理師学校で料理の勉強を始めてから。和食でいこうと決めていたのに、なぜか心惹かれたのが、フランス料理でした。以来、料理人として、その世界にどっぷり。そして、料理を通してフランスを知るうち、人の考え方や文化など、フランスそのものに惹かれていくようになりました。

日本の調理師学校を卒業後、渡仏。学校で半年、実際のレストランで半年、学び、働きながら約1年暮らしました。帰国してからも語学はずっと学び続け、レストランでの厳しい修業時代の間も、機会があればフランスについて勉強する。そんな生活を続けてきました。レストランの調理場を離れて、再度渡仏するためにお金をためようと思って働き始めたのは、フランス人がたくさん働いている飲食店。やっぱりフランスがキーワードでした。

なぜ、そんなにフランスに惹かれたのでしょう？

私が惹かれたフランスは、多くの人がイメージする、いわゆる〝おしゃれなフランス〟ではありません。好きな料理も、繊細なレストラン料理ではなく、家庭料理です。フランスの家庭料理は、日本でイメージされるよりも、ずっとシンプルでおおらか。焼いただけ、煮込んだだけ。肩の力がふっと抜けるような料理ばかりです。

料理だけでなく、フランス人の生き方も同じだと感じます。まわりの空気を読んで、無理に他人に合わせることもなければ、他人が何をしていようがあまり気にしません。自分にも、他人にもおおらかで、つき合っていると肩の力が抜けます。

そんなフランス人の生き方に出会って、心がとても軽くなりました。私は、子どものころから、まわりと同じことをするというのが苦手。そのせいで、「変わっている人」扱いされてしまうこともありました。でも、フランス人は、日本人のように「みんなと同じ」でなければと思いませんし、それを人に押し付けません。どちらかというと、「みんなと同じ」であることを嫌い、自分らしくあろうとします。そんな生き方は、自由で楽しそうだと感じ、私にはしっくりきました。私は、私のままでいい。そんな風に自信を持たせてくれました。だから、私はどんどんフランスが好きになったのです。

フランス人と結婚することになるとは想像もしていませんでしたが、夫のロマンもやっぱり自由で楽しい、おおらかな人。能天気すぎて、ときにイラッとさせられることもありますが、そんな人と営む暮らしは、やっぱり自然に、自分たちらしいものになってきていると感じます。

料理は、18歳からずっとたずさわっています。長年フレンチのレストランで働き、その後は家政婦としていろいろなお宅の事情やリクエストに合わせて料理を作ってきました。和食、中華など、なんでも作りますが、フランス料理も作りおきしてくるようにしています。また、夫がフランス人ということもあり、わが家の食卓は、半分くらいはフランス料理です。フレンチは作るのが大変で、日々食べるものではないというイメージがあると思うですが、決してそうではなく、ラクな部分も多いからです。

今回、私たち一家の暮らしぶりを1冊の本にまとめることになり、〝ちょっとフレンチな〟という枕詞を付けたタイトルになりました。この〝フレンチな〟という言葉には、日本でイメージされるおしゃれなフランスという意味は含んでいません。フランス人って、人間くさくて、ちょっとダサくて。私は、そんなところが好きです。

この本でどこよりもフランスがすばらしいと礼賛するつもりはありません。ただ、フランス的価値観に触れて、みんなそれぞれでいいし、教科書的な答えを追わなくていいと感じ、私は救われました。フランス流の考え方や、フランスの家庭料理の作り方をちょっと取り入れると日々のごはん作りがラクになったり、子育ての悩みが軽減したり。私にとってフランスは、心を軽くしてくれるよりどころのような存在。フランス的価値観を知って、暮らしが楽しくなりました。

そんな私の暮らしや考え方が、だれにでも合うわけではありません。まねをしてほしいわけでもないんです。でも私の暮らしがどんな感じなのか、ありのまま見てもらうことで、「へえ〜、こういう考え方もあるんだ」「こんな風に暮らせたら楽しそう」などと思い、「人の目を気にせず、自分らしく暮らせばいいんだ」って、感じてもらえたらうれしいです。

タサン志麻

1章 日本の古民家でちょっとフレンチな暮らし

58 タサン家の1日

2章 料理をおいしくする シンプルな道具と段取り力

3章 ラクしたいときこそ、フランス料理! 35文字でわかる、10の格言

4章 〝ちょっとフレンチ〟な考え方で心が軽くなる子育て&家仕事

タサン家のメンバー紹介

タサン家のメンバーは、夫のロマンと私、
そして2人の息子の計4人です。

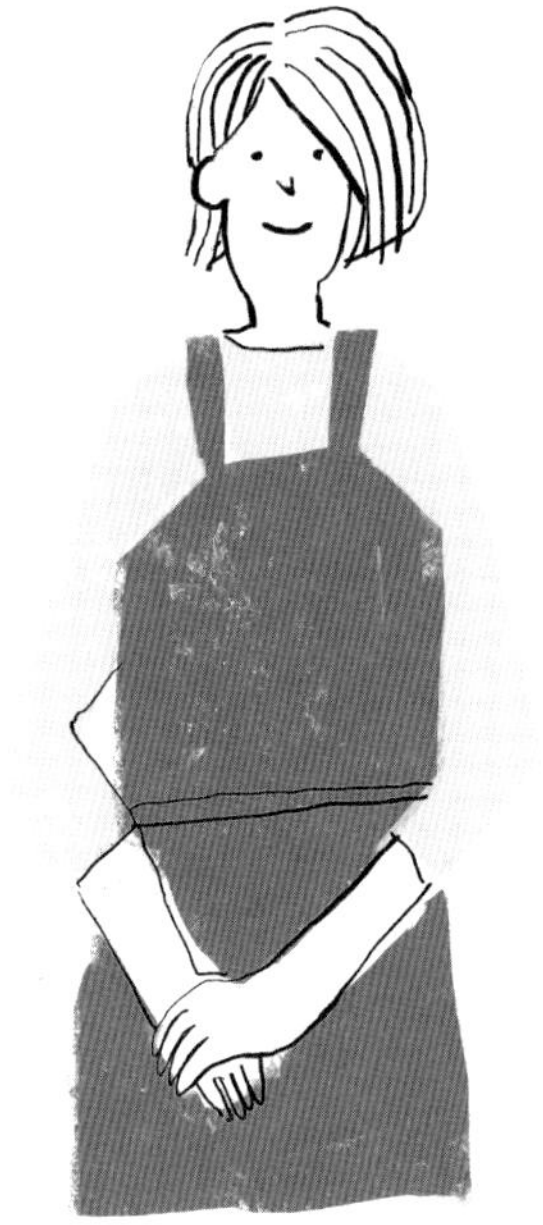

志麻

フレンチレストランの料理人として10数年働いたのち、家政婦へ転身。家にある材料で短時間に作る料理のおいしさが評価され、伝説の家政婦と呼ばれるように。テレビ出演や書籍の出版を果たす。夫のロマンは、15歳年下のフランス人。東京の下町の古民家に引っ越したのは約4年前。この本の制作時は、次男の育休のため家政婦の仕事はお休みし、本や雑誌のための撮影、講演や料理教室をメインに活動。

パリ郊外育ちのフランス人。日本語を勉強するために来日し、日本語学校に通うかたわら、アルバイトしていた飲食店で私と出会う。フランスでは兄が経営している内装業の会社の仕事を手伝っていたこともあり、ＤＩＹはお手のもの。ユーモアいっぱいで、歌ったり踊ったり、子どもたちとは全力で遊ぶよきパパ。いつも私と子どもたちを楽しませてくれる、タサン家のムードメーカー。

ロマン

長男

2017年生まれ。撮影時は２歳。私に似た意志の強いところもありつつ、ロマンに似たユーモア精神も持ち合わせている楽しい子。ごはんの後には、必ず「メルシー、マモン！（ママ、ありがとう！）」と伝え、チュッとしてくれるのが習慣。

次男

2019年生まれ。撮影時はまだ１歳になる前で、歩き始める寸前。長男に比べると一人で寝るのが苦手。米があまり好きではなく、離乳食は野菜が中心。私と二人きりのときはよく泣くけれど、誰かがやってくると、いつもにこにこ。

1章

日本の古民家でちょっとフレンチな暮らし

築60年の一軒家を5万7千円で賃貸中

今、私たち家族が住んでいるのは、古い一軒家です。ここへ引っ越してくる前は、夫のロマンと都心のマンションで暮らしていました。場所柄、家賃が高くてスペースは狭いという状況だったので、古くてもいいから広い一軒家に住みたいと、二人でよく話していたのです。

私が一人暮らしのときは、毎晩遅くまでレストランで働き、そばに借りていた家には寝に帰るだけという状態だったので狭くても大丈夫でした。しかし、フランスで生まれ育ったロマンにとって、家は心地よくすごすための場所であり、窮屈《きゅうくつ》なスペースは苦手だったのだと思います。結婚して夫婦二人で過ごす時間が増え、さらに将来のことを考えると、都心のマンションでの暮らしは難しいと思うようになっていきました。

ロマンは、子どもといっしょになって大声で歌ったり踊ったりする性格です。それに、夫の家族がフランスから訪ねて来たり、お互いの友人を招いたり、とにかく大勢でワイワイ楽しくごはんを食べる時間を大切にするのなら一軒家がいいのだろう、と。

それに、ロマンも私もＤＩＹをしたいという気持ちがすごくあったのです。フランスでは、多くの人が自分の手で好きなように壁を塗ったり、棚を取り付けたりしています。暮らしの基盤になる場所だからこそ、自分たちで少しずつ居心地よくしていけたらいいと思っていました。

というわけで、リフォームＯＫな一軒家を探して見つけたのが、築60年のこの家です。じつは、ネットで外観だけを見ていたときには、少し不安がありました。あまりにも古すぎて怖いくらいの印象だったからです。

でも、不動産屋さんに連れられて、玄関を入った瞬間にひと目で気に入りました。古い家ならではの味わいがあって、ほっとする感じがして、大好きだった祖母の家を思い出したのです。もちろん、古くてボロボロでしたが、畳ははがしてフローリングを貼ればいいし、壁は塗ればいい。手を加えればなんとかなるだろうと思いました。

現状復帰が不要で、リフォーム自由。広いうえに家賃は5万7千円という安さ。マンションではダメだった猫を飼うこともできます。何よりも、祖母の家に似た雰囲気を持つ一軒家です。私はすぐに「ここがいい、ここにしよう」と、ロマンを説得していました。

ダイニングとリビングの境
にあったふすまや扉は取り
払ってひとつなぎに。猫た
ちに壁紙を破られましたが、
気にしてません。

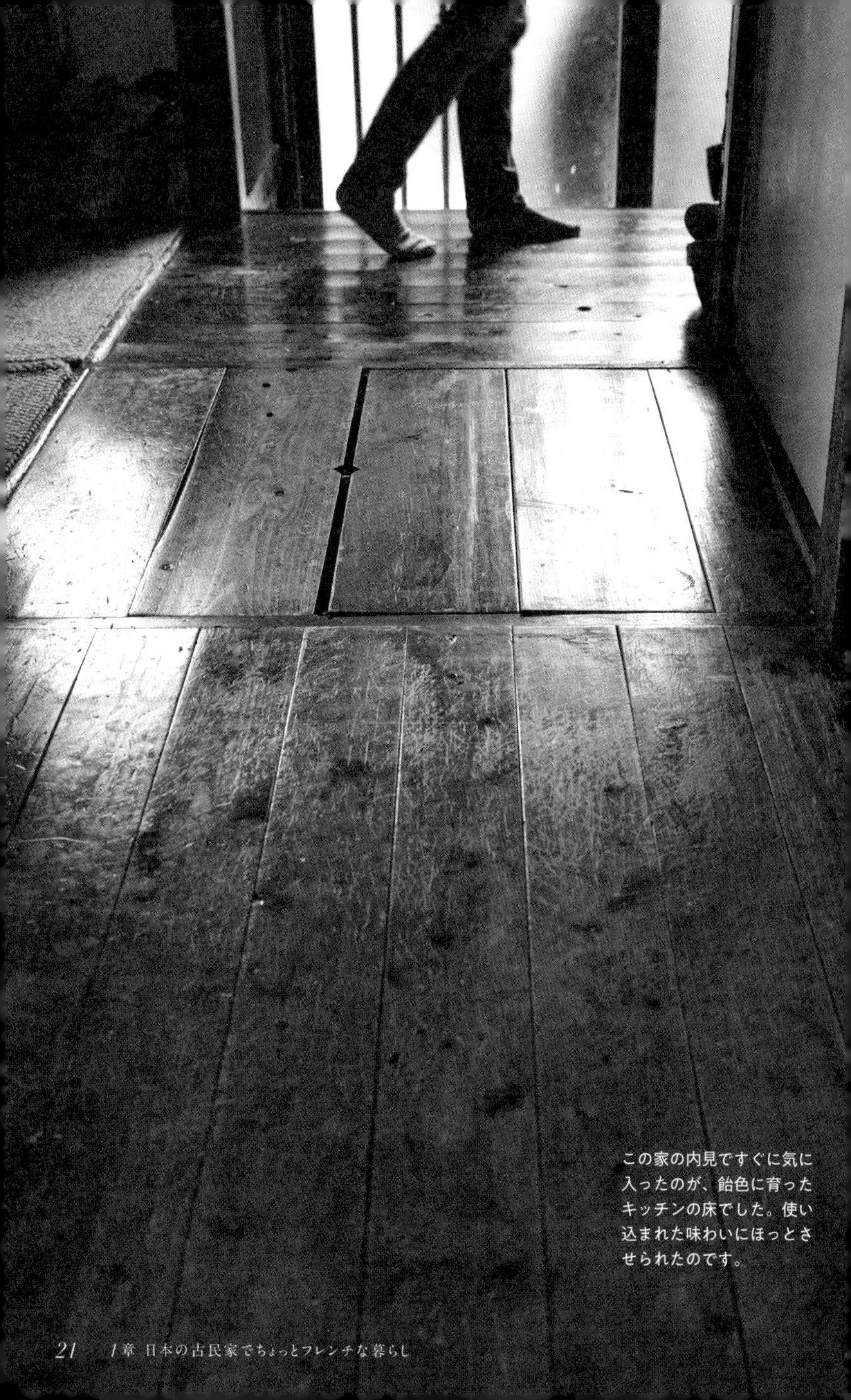

この家の内見ですぐに気に入ったのが、飴色に育ったキッチンの床でした。使い込まれた味わいにほっとさせられたのです。

ボロボロすぎて、DIY好きの夫も反対するほど

じつは、この家の内見をした当初、ロマンは渋っていました。あまりの古さにここで暮らすのは無理だとひるんでいたのです。ボロボロの畳でしたし、すきま風も入ってきていて、暗い印象を持ったのでしょう。

ロマンはフランスにいたころ、電気工事士として働き、さらにお兄さんが経営する内装業の会社も手伝っていました。それに、小さいころから当たり前のように家に手を加えて暮らしてきた人です。その彼が悩むくらいの古い物件だったのです。

私はというと、両親が共働きで、幼いころによく祖母の家に預けられていたために、かなりのおばあちゃんっ子でした。「おばあちゃん」という存在は、親とは違って優しくて温かくて、友だちと遊ぶよりもおばあちゃんと過ごす時間のほうが好きだったくらい。古い家が好きだという原点は、祖母との時間にあるように感じます。だから、この家を借りることに迷いはあり

ませんでした。

ロマンも私も新しいマンションや建売住宅よりも、古い味わいや個性に魅力を感じるタイプです。「かっこいい」「きれい」ということよりも、「自分らしさ」を大切にしたい。それなら手を加えていける古い家がいい。夫をなんとか説得して、この家に決めました。

やることはたくさんあります。畳をはがして、ふすまを取り払ったら、壁を塗って、柱を磨いて……。あれこれ考えては、わくわくする日々が始まりました。

After

リフォーム後はすっきり清潔な気持ちいい台所に。

Before

キッチンの改装前の様子です。雨もりが発覚し、壁や床を補修しながら、窓を補修してと、ロマンががんばってくれました。

小さいころからの古民家好きは今も変わらない

なぜ、この家に惹かれるのか。築年数が経っていても、広くても、きれいにリフォームされすぎている物件だったら、夫を説得してまで住みたいとは思わなかったはずです。

祖母は母の実家の離れに住んでいて、とても風流な人でした。庭の花を生け、水墨画や水彩画を描き、大正琴やお謡《うたい》までやっていて、遊びに行くといつも教えてくれました。子どもながらに祖母の暮らしがとても魅力的で、成長してからもその思いは変わりませんでした。

そのうち、明治時代の雰囲気に妙に惹かれるようにもなりました。もともとの日本文化と新たに入ってきた海外からの文化が混ざっている独特の感じ、和服にブーツを履いていたり、畳の部屋にテーブルと椅子を置いていたりという、あの感じがすごく好きでした。坂本龍馬のことも大好きで、じつは、高校3年生のころにバレンタインのチョコレートを墓前に贈ったこともあるほどです。また、調理師学校時代にフランス料理を知って初めてフランスへ行ったことで、改めて日本の文化の魅力に気がつきました。フランスの住まいは天井が高くて広々としているところが多く、それも素敵です。でもやっぱり自分がほっとするのは、日本に古くからある祖母の家のような雰囲気なのだと、離れてみて改めて感じました。

外からの光を和らげてくれるすりガラス。使い込まれて味わいの出ている板の間。タイルに見えるトタンの壁。古民家ならではのディテールや、時間が生み出した独特の味わいは、お金で買えるものではありません。この家にはそんな要素がたくさん残っていました。それを受け継ぎながら、自分たちなりの住まいを作っていこうと思ったのです。

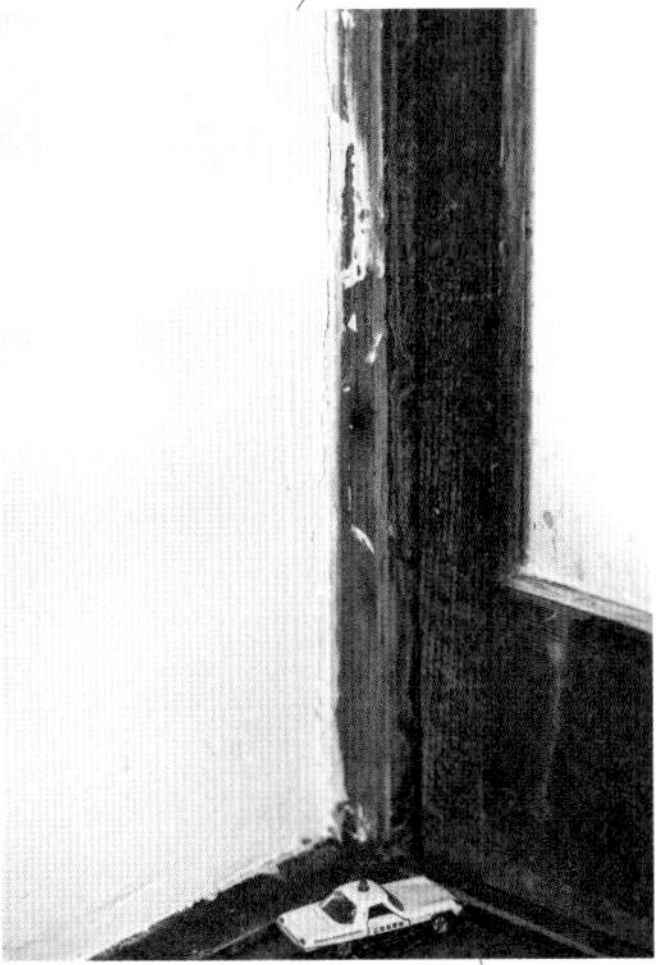

壁がかなり汚れていたので、白く塗りなおしました。はみ出しがある部分は、塗るのが下手な私が犯人。でも手仕事ならではの味なので、愛おしく思って残しています。

フランス流に考えて、最初から完璧を目指さない

さて、実際に住むとなると手を加えなければならない箇所はたくさんありました。しかし、引っ越す前にやったことは、畳をはがして処分することだけ。最初は、畳をはがした後の板の間にカーペットを敷いて暮らし始めました。なんとかなるだろう、あとは住みながら手を加えれば大丈夫と考えてのことでした。

最初に集中してやったのは、床にフローリングを貼ることと、壁紙を張り替えること。そのあとは、住みながら少しずつ、壁をペンキで白く塗り替えていき、黒ずんでいた柱をサンダーで削っていきました。ホームセンターに行って材料を買い、友人たちに手伝ってもらいながらの作業です。ロマンとの共通の友人はフランス人が多いのですが、みんな、あれこれお願いしなくても次々と作業をこなしてくれるのは、やはり小さいころから家に手を加えることに慣れているからなのかもしれません。

ゴールデンウィークなどのまとまった休みには、洗面所を改装するなど、ロマンは今でもあれこれ手を加えています。ロマンだけでなく、彼の家族や友人からの話を聞いていると、最初から完璧にせずに少しずつ手を加えることは当たり前だそうで、それがきっとフランス流。

こんな風に少しずつであってもＤＩＹでリフォームすると、とても経済的です。何より、住む前に業者に頼んで一気にリフォームするよりも、暮らしながら「ここに棚があるといいね」「こっちはどうする？」と考えていけるのはとても楽しいのです。実際、自分たちの手で作業することで家に対する愛着がさらに湧いています。

時間ができると壁を塗ったり、棚を取り付けたり、きしんだ引き戸を直したり。大工道具は、持ち運びしやすいよう箱に入れて。

DIY

補修の仕方や道具の使い方など、ロマンはだいたい把握しています。わからないことがあったら検索したり、友人に聞いたりしながら。

引っ越して4年。少しずつ、DIYを進めています

２０１６年に引っ越してから、４年が経とうとしています。DIYの経験はそれほどないものの、体力に自信のある私は、ロマンといっしょになって壁を塗ったり、棚を取り付けたりして住まいを整えていきました。ただ、床を張り替え、壁を塗ればいい雰囲気になるだろうと思っていた考えは的中したものの、予想外のできごとが。住んでから気がついたのですが、キッチンの壁伝いに雨もりがあったのです。簡易補修をしてもらいましたが、掃除が大変でした。

梅雨の時期にシンクの裏のカビを掃除しようと動かしてみたら、床や壁がダメになっていることがわかり、大がかりなリフォームをすることにしました。まず、もとのキッチンをはずし、雨もりで腐りかけていた壁や床を補修。シンクを含めた調理台一式を新調することに。お店やネットで探してみましたが、わが家のキッチンに合うサイズは限定されますし、好きなデザインのものがありません。あれこれ悩み、業務用がいいという結論に。つくりがシンプルで掃除

最近作った床下収納。床板のはずれる部分があったので、もともと収納があったのかもしれませんが、箱を取り付けて使っています。

業務用のシンクや調理台を設置したキッチン。コンパクトなスペースなので、奥行きの狭いタイプを選びました。通気性がよく、掃除もしやすくて便利。

模様の入ったすりガラスは、古い家ならではの要素。ダイニングや玄関の窓にも使われています。柔らかい光が入ってきて大好きです。

Before

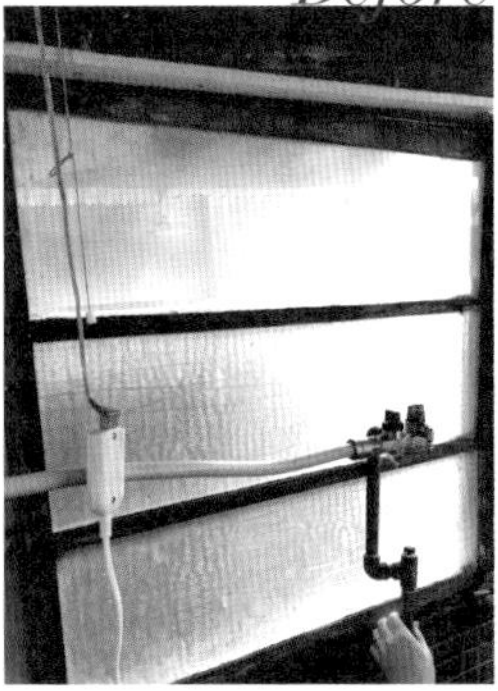

引っ越して４年が経つ今でも、不具合があれば修繕し、より使いやすく手を加えています。暮らしながらのＤＩＹは楽しいものです。

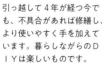

がラクですし、デザインも質実剛健。扉がないものは通気性もいい。サイズも豊富にそろっているので奥行きの狭いタイプが選べました。

ただ、ネットで見つけて購入した業務用のキッチンは、玄関までしか配送してくれません。配送当日は、ちょうど次男の出産時期と重なって私が入院していたのでロマン一人で受け取ることになってしまいました。なんとか運転手さんにお願いして家の中まで運んでもらい、設置はプロの友人と作業。シンクの配管やガス台の取り付けなど、フランスでは自分たちで当たり前にやっていてロマンも仕組みを理解しているのでできるのでしょう。出産を終えて帰ってきたら新しいキッチンになっていてうれしかったです。

ちょうどゴールデンウィークの休みでもあったので、一気に洗面所も改装。もともとあった洗面台をはずし、〈イケア〉で選んだシンプルな洗面ボウルを設置しました。

最近、新たにできたのは、キッチンの床下収納です。もともと古い床材をはずすと家の基礎が見える状態でした。すきま風も入るので、そこに大きな箱を取り付け、調味料や食材のストックを入れるスペースに。これがとても便利で重宝しています。生活しながら手を加えていくと、少しずつ居心地がよくなっていくし、愛着も増すものだと実感している日々です。

〈イケア〉の洗面ボウルがシンプルでしっくりきました。もとあったものを取りはずし、すっきりと清潔感のあるスペースに。

DIY

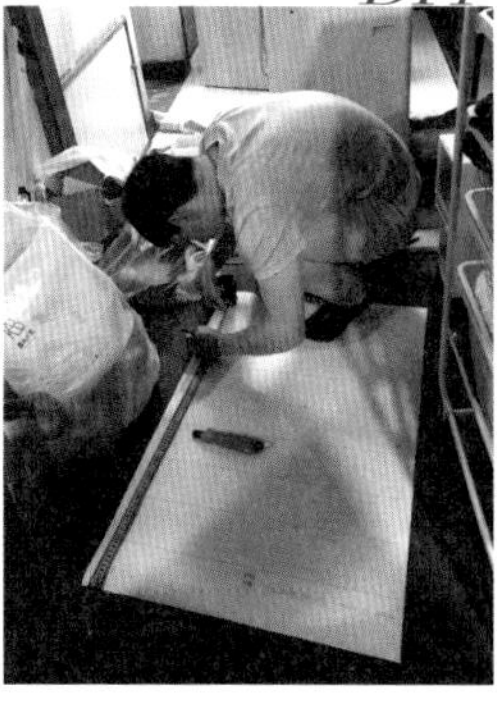

洗面所をリフォームしているロマン。きちんとサイズを測りながら組み立て、てきぱきとこなしてくれるので、助かっています。

好きなディテールは、あえて残しています

畳をはがしたり、壁を塗り替えたりと手を加えて住んでいるわが家ですが、古くからあるディテールを残している部分もあります。祖母の家を思い出させてくれる和風の住まいらしいテイストが気に入っているからです。

玄関を入ってすぐのキッチンの床は、はがさなくても十分使える板間です。何年も使い込まれて飴色に変わっている様子が大好きで、この家に決めた要素でもあります。よくよく見ると「キッコーマン」の文字が反転して残っていて、きっと以前住んでいた人が包装紙かラベルを置きっぱなしにしていて印刷が写ってしまったのだろうなと想像しています。ロマンはきれいに消そうとしていましたが、味わいとして好きなので残してもらっています。

ほかにも好きな要素はたくさんあって、たとえばキッチンの壁にはあまり見たことのないタイル風のトタン板が貼ってあります。タイルに見えるのですが、1枚のシート状の板で叩くと

柱に貼られたままのシール。もう20年以上前のものですが、文字の感じも含めて、なんだか妙に好きなのでそのままにしています。

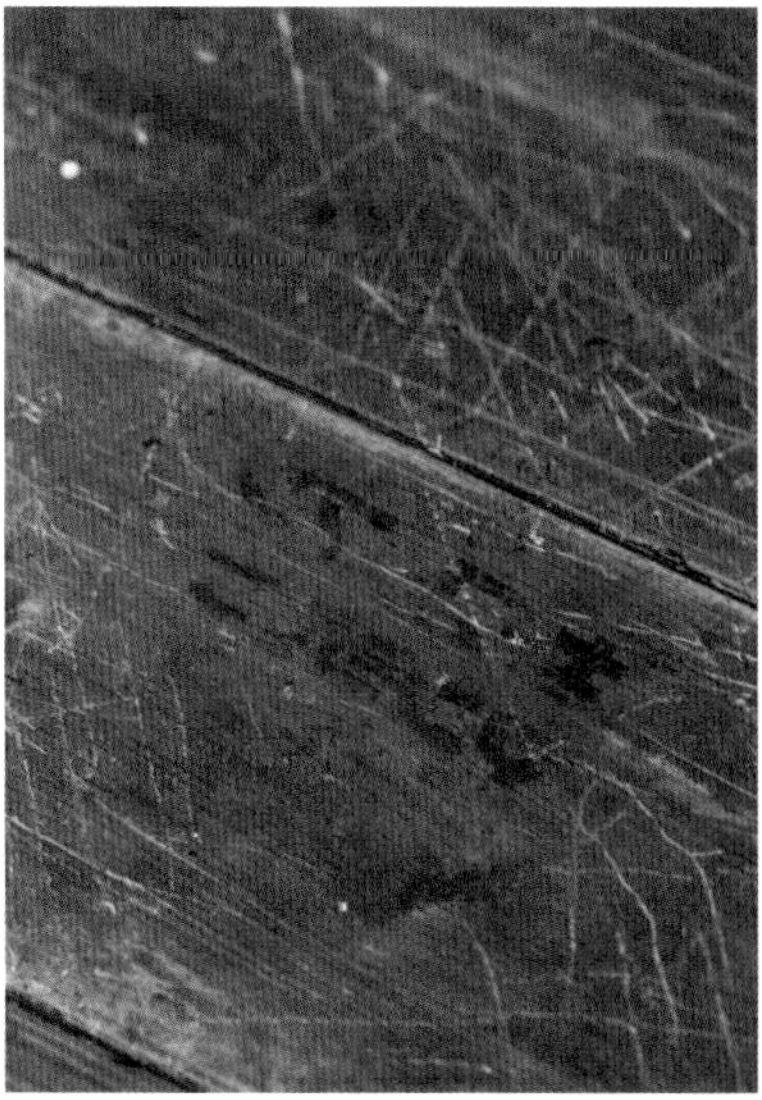

反転していますが、床には「キッコーマンマンジョウ」の文字が。こんな跡も傷も、古民家だからこその味なので大切にしています。

すりガラスは、キッチンだけでなく、玄関の扉の上やダイニングの窓など、あちこちに。木製サッシもいい味わいです。

カンカンと音がする素材。引っ越してからすぐに汚れをきちんと落としてみたら、とてもきれいな青緑色が出てきました。さっと拭けば油汚れなどはすぐに取れるので、タイルよりも手入れがラクで便利。キッチンのいいポイントになってくれている存在です。

すりガラスが入っている窓や引き戸も大事に使っています。木枠の窓はすき間があって冬はかなり寒く、ロマンが上手に塞いでくれました。ある日、ダイニングで使っていた引き戸が、1枚だけ部分的に壊れてしまいました。捨てるにはもったいなくてどうしようかと思案していたところ、雨もりでダメになったキッチンの窓の代わりになるかもしれないと、友人が提案してくれました。壊れた部分をはずし、引き戸を半分に切ってはめてみたらぴったり。ガス台の前にある窓がそれです(30ページ参照)。キッチンにはほかにもすりガラスの窓があるので、すごくいい雰囲気になりました。こういうすりガラスは、今では作るのが難しいと聞きます。私もロマンも古い家のガラスを見るのがとても好きで、解体される古い家があると「すりガラスの入っているものは残っていませんか?」と、つい聞いてしまいます。あいにく、ガラスの入っているパーツは最初に壊してしまうことが多いようでなかなか譲ってもらえることがないのですが……。壊してしまうのはもったいないので、使えるものなら生かしたいと思っています。

タイルに見えますが、叩くとカンカンと音がなり、トタンのようです。色も質感も好きなので、きれいに汚れを取ってそのまま使用。

〃伝説の家政婦〃が選んだのは、2口コンロです

わが家のキッチンでは、2口コンロを使っています。自宅で撮影や取材があるとスタッフの方たちに驚かれますが、私としては、無理して使いこなしているというつもりはありません。

料理人としてレストランで働いているときは、もちろん一度に何品も同時に仕上げなければならない状況でした。家事代行の仕事を始め、家政婦としてお客様のお宅へ行くと、コンロの数も火力もさまざまで、3口、4口もあります。コンロに限らず、ほかの道具についても各家庭によって持っているものは違うので、それに合わせて料理しなければなりません。でも、それが楽しいのです。限られた道具や材料の中でも、おいしい料理を作って喜んでもらいたいと、いつも一生懸命です。そんな風にいろいろな道具を使い、短時間で何品も料理を作る仕事をしながら感じるのは、コンロの数は多いほうがいいわけではないということ。

たとえば、パスタをゆでながら隣でソースを作る。その間にサラダを作れば、一食のでき上

がり。ほかにも、鍋で野菜たっぷりのスープを作りながら、フライパンで肉をソテーすれば完成です。オーブンで肉をローストしている間に、コンロで蒸し野菜を作ってもいい。そう考えると、わが家のメニューでは2口で十分という結論になりました。

それに、ガス台は、使ったらすぐに拭き掃除をしておきたいものです。飛び散ったソースやはねた油などは、時間が経つと落としにくくなります。何口もコンロがあると、掃除がちょっと億劫《おっくう》に感じてしまうかもしれません。そういった点でも、2口なら気がついたときにパッと拭けばよし、です。

〈リンナイ〉の2口のガスコンロ。シンプルなデザインが気に入っています。オーブンを使うので、魚焼きグリルは必要ありません。

よく使う道具&調味料は、すぐ手が届く位置に

調味料やキッチンツールは、扉のある棚や引き出しの中にしまっておけば、すっきり美しいキッチンを保てることはよくわかるのですが、私はそれよりも料理のしやすさを優先します。使うときに手を伸ばせばすぐに取り出せるキッチンのほうが、私には合っていると思っているからです。だから、よく使う調味料は壁に取り付けた棚を定位置に決めました。菜箸やおたまなどの道具はツール立てに入れて一カ所に。ラップ類もひとまとめにして棚に置いているだけなので、さっと使え、フライパンや鍋、ボウルもかがめばすぐに取り出せます。扉や引き出しを開けるという動作がないだけで、ストレスがなく、料理中の作業もスムーズです。

わが家のキッチンは私だけでなくロマンも使いますし、遊びに来てくれた友人たちが使うことも。パッと見て、どこに何があるかわかり、すぐ使える状態になっているほうがみんなもきっと使いやすいのかなと思っています。

上／ツール立てには調理道具やカトラリーをジャンル分けしてまとめています。中右／壁に取り付けたスパイスラック。下は塩、砂糖、上はコンソメやこしょう、スパイスなど。中左／子ども用のスタイや鍋敷きなど、大きさや形がバラバラのものはフックに引っ掛けて。下／密封袋やラップなどは出し入れしやすいよう、棚にポンと置くだけ。ほ乳びんは乾きやすすよう、かご収納です。

好きなものを長く使いたいと思っています

幼いころから今も変わらず古民家が好きなように、好きなテイストについてはあまり変化のないタイプです。ただ、気に入ったデザインのものが見つかるまでには時間がかかるので、そのぶん好きなものは長く使っていきたいと考えています。

レストランで修行していたときに見つけた木箱は、文字を読んでみるとイタリアのチコリが入っていたもののようです。素朴なつくりなのと、持ち手があって出し入れしやすい形がすごく好きで、一人暮らしのころからずっと使い続けています。玉ねぎやじゃがいもなど根菜類を入れて、オーブン下の棚に設置。深さのあるワイン箱には、野菜を包んだり、生ごみを捨てる際に便利だったりする新聞紙などを収納していて、この根菜類の入っている木箱を上に重ねて使っています。

フランスでの修行中に購入したかごもキッチンで活躍してくれています。当時はふだん持ち歩くバッグとして気に入って長く使っていたため、持ち手がほどけてきてしまいました。それでも好きなかごだからと、今はレジ袋入れに。壁に引っ掛けて使っていて、ふとしたときに目に入ってフランスを思い出したりしています。

木箱もかごも、用途を変えながら使えるものなので、ずっと大事にしたい存在です。

かれこれ20年以上使い続けている木箱やかご。気に入った質感やデザインのものは、用途を変えながらも、飽きずに長くつき合っていけます。

ベースはシンプルにするのが好きだから、黒とステンレス

使い込まれた床や柱が残る古い家のトーンに合うように、家具や道具などインテリアの基本になるものは、できるだけシンプルな色やデザインを選ぶようにしています。洋服でもそうなのですが、ベースをシンプルにして、そこに色やデザインでちょこっとアクセントを加えるというのが好きです。なので、業務用キッチンはとても自分の好みにしっくりきましたし、鍋やボウルなどもステンレスや黒などすっきりしたものを選ぶように意識しています。とくに毎日使うキッチングッズは、目にうるさくないほうがいいかな、と思っています。シンプルで余計な装飾がないものは、洗うのもラクですし、しまうときにもすっきりします。

飽きずに長く使えるということも理由の一つ。ボウルややかんなどはめったに壊れることもないですし、買い換える機会もそうそうないので、ベーシックな形と色ならずっと使い続けられるように思います。

基本となる調理道具はシンプルに。ボウルやツールはステンレスを中心にし、フライパンや鍋、やかん類は黒をセレクト。

楽しい、うれしいという要素は、台所には欠かせません

ベースはシンプルにという話をしましたが、そればかりだとちょっと味気ないなという気持ちもあります。もちろんそのほうがさっぱりするのかもしれませんが、親戚の子どもたちが描いてくれた絵を冷蔵庫に貼っておくだけでも、食材を出し入れするたびに楽しい気持ちになります。レシピの配合を書き留めておくのも、カラフルなメモ帳を選びました。

ベースをシンプルにしておくからこそ、カラフルな器やマグネットなどのちょっとした小物が映え、遊び心も楽しめます。目に入るのが柄物や色数の多いものばかりだと疲れてしまいますが、アクセントとしてあるとメリハリになっていいな、と思います。

使うたびにうれしくなる道具や器があると、キッチンに立つことが楽しい時間になるのではないかな、と。実際、お気に入りの柄物のお皿を取り出すときはワクワクしますし、存在感のあるポットでお茶を入れるたびに、しみじみいいなぁと思えます。

目に入るだけで、ちょっと楽しい気持ちにさせてくれるトレー。両方とも〈イケア〉のもの。大皿代わりに前菜を盛り付けることも。

冷蔵庫は賑やかでよし、としています。子どもが好きなシールを貼ったり、カラフルなメモにレシピをメモったり。

パリの〈La Tuile à Loup〉で購入したお気に入りのポット。ベースがシンプルだと、デザイン性のある器でもケンカしません。

踏み台にもなる〈BIKITA Wood Life〉のスツールを。煮込み料理を作りながら、ここに座ってフランスの料理雑誌を読むのもいい時間です。

水きりかごは、置かないという選択をしています

引っ越してきたばかりのころ、キッチンには一人暮らしで使っていたテーブルを置いて調理台にしていました。奥行きがあったので、調理するスペースの奥に水きりかごを置いて使っていたのですが、つい食器を放置してしまう自分がいやでした。

キッチンを改装するにあたって、業務用のシンクや調理台はあまり奥行きのないタイプにしたため、スペースに余裕がありません。そこで、水きりかごをやめてしまいました。

料理中はシンクに洗い物をためないようにしていて、こまめにちょこちょこ使った道具を洗っています。洗っては使うということを繰り返しているので、最終的な洗い物の量は少ないのです。シンクの横にキッチンクロスを一枚敷いておくだけで十分なこともあれば、その上に四角いざるを置いて水きりし、早めに拭いてしまいます。ロマンもそのほうが使いやすいようで、よく乾かしたいもの以外は出しっぱなしになることがほとんどなくなりました。

水きりかごの代わりにクロスを敷き、四角いざるを。ちょうどいいサイズのざるは、浅草の〈まるごとにっぽん〉で購入したもの。

収納はこだわりすぎないけれど、ジャンルは混ぜません

パッと手に届く収納が便利だという話をしましたが、よく使う道具類や調味料などは、私なりにジャンル分けして整理して置いています。

たとえば調理台の上にはツール立てが3つありますが、一つは調理に使う菜箸やレードル、ゴムべらなどの道具類。もう一つは大皿に盛った料理を取り分けるためのサーバーなど。あとの一つは、ふだんから家族でよく使う箸やフォークなどのカトラリーです（41ページ参照）。

調味料は、壁に取り付けた棚の下段に塩&砂糖を、上段にスパイス類を。そのほかのオイルやしょうゆなどボトルに入っているものは調理台の下の棚に入れています（左ページ参照）。

道具も調味料も、よく使うものだけを厳選するようにして数が増えないようにしています。これは、家政婦としていろいろなお宅で料理をしてきたからこそかな、と思っています。そこにある道具と調味料でなんとかしなければならないという状況だったので、自分に必要なもの

が自然と厳選されていきました。本当に必要なものだけにして、使う場所の近くを定位置にしているので、動線も短くてスムーズです。狭いキッチンだと、むやみにものを増やせないので無駄が出ないですし、効率がいいのではないかなと思うくらいです。

また、いろいろなお宅にお邪魔して感じるのが、調味料と食材のストックが混ざって収納されていたり、あちこちの棚から調味料が見つかったりすることが多いということ。美しい、こだわり収納にする必要はないけれど、ジャンルだけは混ぜないようにしておくと、スムーズに調理ができる気がします。

調理台の下にはよく使うボトル入りの調味料を。オイルやしょうゆなど、さっと取り出せるよう、あまり詰め込みません。ここに食品ストックなどは混ぜないようにしています。

かごを暮らしのあちこちで、活用しています

キッチンでもリビングでも玄関でも、収納するためや、一時的にものを置いておくためにかごをよく使っています。古民家の雰囲気には、自然素材でできたものが合うと思っているので、プラスチック製のかごは使っていません。

キッチンではクロス、茶葉類、出汁に使うもの、と分類して色違いのかごに入れています。

子どもたちのお昼寝用のブランケットなどを入れているのは、15年ほど前に買ったフランスの大きなかご。ピクニック用として手に入れたものの、料理人時代にはそんな時間もなく、一度もピクニックには使えないまま、いつしか持ち手が壊れてしまいました。それでも色使いや形が気に入っているので、収納グッズとして使っています。

食器拭きなどに使うクロス類をかごにまとめて、コンロ下の棚に。ガス台の掃除や水はねを拭くにもここからさっと取り出して。

玄関のスリッパや次男のおむつをまとめているのは、好きでときどき足を運ぶ、蔵前にある〈水木屋馬場商店〉で見つけたかご。卸もしているお店というだけあって、籐や柳、竹などさまざまな素材で、幅広い形のものが所狭しと並んでいて、見ているだけでも楽しいお店です。

かごを選ぶときは、用途を決めすぎないようにしています。仕切りがあって細かく分類できるようなタイプもありますが、それよりもポンポン放り込める頑丈なかごなら、入れるものが変わっても使い続けられます。今おむつを入れているかごも、そのうちおもちゃを入れたり、バスタオルをまとめたりできそうだな、と思っているところです。

上／フランスで購入したかご。持ち手が取れてしまいましたが、ちょうどいい深さなので、ブランケット入れとして活躍。下／スリッパ入れにしているのは、〈水木屋馬場商店〉で見つけたもの。とにかく丈夫で、サイズ違いをおむつ入れにしています。

猫がいることで、笑顔の時間が増えました

初めて猫と暮らしたのは、小学生のころです。共働きだった両親が、寂しくないようにと飼ってくれたのが始まりでした。亡くなったときには本当に悲しくて、しばらく猫といっしょに住むのはやめようと思うほど。成長するにつれてまた猫を飼ってみたいと思ってみたものの、料理人時代はほとんど家には寝に帰るだけの生活だったので、それはそれで猫がかわいそうで踏み出せなかったのです。ロマンもフランスでは猫と暮らしていたので、出会ったころから、いっしょに住んだら猫を飼いたいねと話していました。

この家はペット可であることを条件で探し、引っ越してから地域の保護猫のいる施設にいた猫姉妹を迎えました。会ってみたら、もう迷うことなく「この子たちにする！」と即決。大好きなフランスの漫画「Tom-Tom et NaNa」から、トムトムとナナと名付けました。

トムトムはすごく人懐っこくて、施設で最初に会った瞬間から私たちに懐いてくれていまし

た。一方、ナナは警戒心が強くて慣れるまで時間がかかるタイプです。2匹には本当に助けられています。一度、流産したときには、この子たちがいることでとても気持ちが和らぎました。長男と次男を妊娠したときは、私たちが調べるよりも早く、2匹がお腹の上で寝るようになって、もしかしたら守ってくれていたのかもと思うくらいでした。人慣れしているトムトムは、上手に尻尾を振って子どもと遊んでくれますし、ナナは嫌そうにしながらも爪を立てることなく見守ってくれていて。そういう姿を見ていると、こちらは自然と笑顔になってきて、やっぱり猫との暮らしは楽しいものだなと感じています。

青い鈴をつけた右が面倒見のいいトムトム。左が自由気ままなナナ。猫用のステップは、シンプルなものを探して市販品を購入。ロマンが壁に取り付けました。

家具選びはゆっくりと。まだまだこれからです

引っ越してから家に手を加え始めている私たちなので、家具も住みながら少しずつそろえていこうと思っています。ひとまず必要なものをと買った家具は〈イケア〉が多いかもしれません。デザインがシンプルだし、何よりも海外の暮らしに合わせたサイズが多いので、フランス人の家族や友人が集まるわが家にはぴったり。ダイニングテーブルもその一つ。エクステンションタイプで天板を大きく引き伸ばせるので便利に使っています。

ゆくゆくは、この家の雰囲気に合う日本の古家具を買い足していきたいと思っています。今は、玄関とキッチンの間に棚が一つ。昔からこの家にあったかのようになじんでいて、とても気に入っています。食器を入れたり、玄関先で使う日用品を置いたり、使い勝手も抜群です。

古家具で、使いやすくサイズの合うものを見つけるのは時間がかかります。いいと思うものを見つけたら、サイズと照らし合わせて確認。焦らず気長に、家づくりはまだまだ続きます。

壁の幅にちょうどよく収まった和家具。ホームセンターで古家具販売をしていたところで見つけました。色も古さもこの家にぴったり。

am

タサン家の1日

この本を作っていたころの、
ある1日をタイムスケジュールでご紹介します。

6:30am
ロマン起床

私は夜が遅いので、ロマンの方が早起き。起きたら掃除をしたり、次男のミルクの準備をしたりと、子どもたちが起きる前にいろいろやってくれています。洗濯機もスイッチオン。

7:00am
志麻起床

私はロマンに遅れること、30分後くらいに起きるのが習慣です。朝食は、私はコーヒーとパン、ロマン＆長男はシリアルを食べることが多くなっています。

わが家は夜ではなく、朝風呂派なので、朝食の後がお風呂タイム。ロマンが二人を連れて入ってくれ、順番に私が引き取り、拭いたり洋服を着せたりとケアします。その後、手が空いているほうが洗濯物を干すという流れ。

7:30am
入浴

8:30am
長男保育園へ

私もロマンも、仕事柄、その日の仕事によって出かけていく先がまちまち。スタート時間が違うことも多いので、前日などにどちらが保育園へ送っていくかを相談しておきます。この日はロマンの仕事現場が遠かったので、私が長男を保育園へ送って行きました。

6:15pm
保育園へお迎え

ロマンは、仕事時間にある程度自由がきく働き方をしているので、夕方には自分の仕事を終了させ、保育園へのお迎えに。私は撮影だったり、料理教室だったり、その日その日で仕事内容は変わりますが、まだ子どもも小さいので、夕方までに終了するよう、スケジュールを組んでいます。

6:15pm
食材の買い出し

ロマンがお迎えに行っているのと並行して、私は食材の買い出しに。家にあるものを思い浮かべて、メニューを考えながら買いたいので、食材の買い出しはほぼ私の担当です。近くにスーパーがいくつかあるので、買いだめはあまりせず、ほぼ毎日買い物をします

6:30pm
料理スタート

冷蔵庫にある必要なものを出して、料理スタートです。ピュレが献立にあれば、それをそのまま離乳食にしたり、なければこの間に、ロマンが冷凍庫に入っている次男の離乳食を解凍し、用意してくれます。長男がお腹がすいた～とぐずったら、料理中の食材、例えば、にんじんを1かけ切って渡し、待ってもらいます。待つことも食事の一部です。

7:00pm
ごはん

次男は離乳食なので、別に食べさせることがまだ多いですが、基本は家族揃って食卓を囲むのがタサン家のルール。大人が食べ終わるまで、長男にもできるだけ食卓に座っているよう促します。この習慣の積み重ねが、レストランでごはんを食べるときにも役立ち、食事を楽しむことにつながると思っています。

8:30pm
長男をベッドへ

長男を寝かせるのは、ロマンの担当ということが多いわが家。生まれたときから、自分の部屋で一人で寝ることを習慣づけていたので、ベッドに入って、電気を消せば、5分ほどで寝てくれるようになりました。ときには、ロマンが絵本を読むことも。次男は、食後にくつろいだり、遊んだりしている横で寝かせ、寝たら、そっとベッドへ運ぶという段取り。

9:00pm
大人のくつろぎの時間

子どもたちが寝静まったら、本を読んだり、映画を見たり、夫婦それぞれの時間です。私はフランス語の勉強を続けているので、この時間に本を読んだり、映画を見たり。仕事が終わっていないときは、仕事をすることもあります。寝るのは24:00ころ。

pm

2章

料理をおいしくする
シンプルな道具と段取り力

道具は多種多様に持たないことが料理上手への早道です

家政婦の仕事を通して身についたことの一つに、伺ったお宅にある道具を使って料理するという技術があります。どの家庭でも、それぞれ道具も違えば、どこにどう収納しているかもさまざま。その家のキッチンに自分を合わせるようにして料理をしてきました。結果、わかったのは本当に必要な道具は少ないということです。

包丁は1本あれば十分ですし、木べらやトングなどがなくても菜箸さえあればなんでもできます。むしろ、少ないほうがあれこれ迷わなくてすみますし、どこに何があるか探す手間も時間も省けるとつくづく実感しました。

さらには、自宅ではオーブンをよく使っていますが、仕事先ではオーブンもレンジもないという状況だったこともあります。それはそれで、フライパンや鍋にふたをしてじっくり焼けばミートローフもローストビーフも作れます。グラタンも具をフライパンや鍋で作ってきちんと火を通しておけば、あとはトースターで焼き色を付ければいいだけ。揚げ鍋を使わずとも、フライパンで揚げ焼きにすればいいですし、蒸し器がなければ、フライパンに水を張ってふたをすればいいわけです。

道具が多くなるとそのぶん収納場所も必要です。たとえば、ツール立てにぎゅうぎゅうに調理器具が詰まっている場合と、厳選したものだけの場合は、どちらが取り出しやすいでしょうか？　一つの棚にフライパンと鍋だけが入っている場合と、そこにさらに蒸し器や揚げ鍋が重なっている場合では？　少ないほうが収納方法を工夫しなくてもすみますし、さっと手に取ってすぐに使うことができるはずです。そもそも、出し入れが億劫になると、自然と手にする機会が減って使わなくなってしまうこともあります。また、使ったぶんだけ洗い物も増えるわけですから、手間がかかり、シンクや水きりかごがいっぱいになることも想像がつきます。

あれこれ道具をそろえる必要はありません。自分にとって使いやすい定番の調理道具をきちんと見極め、むやみに量を増やさなければ、自然と料理はスムーズに進められるようになるのではないかな、と思っています。

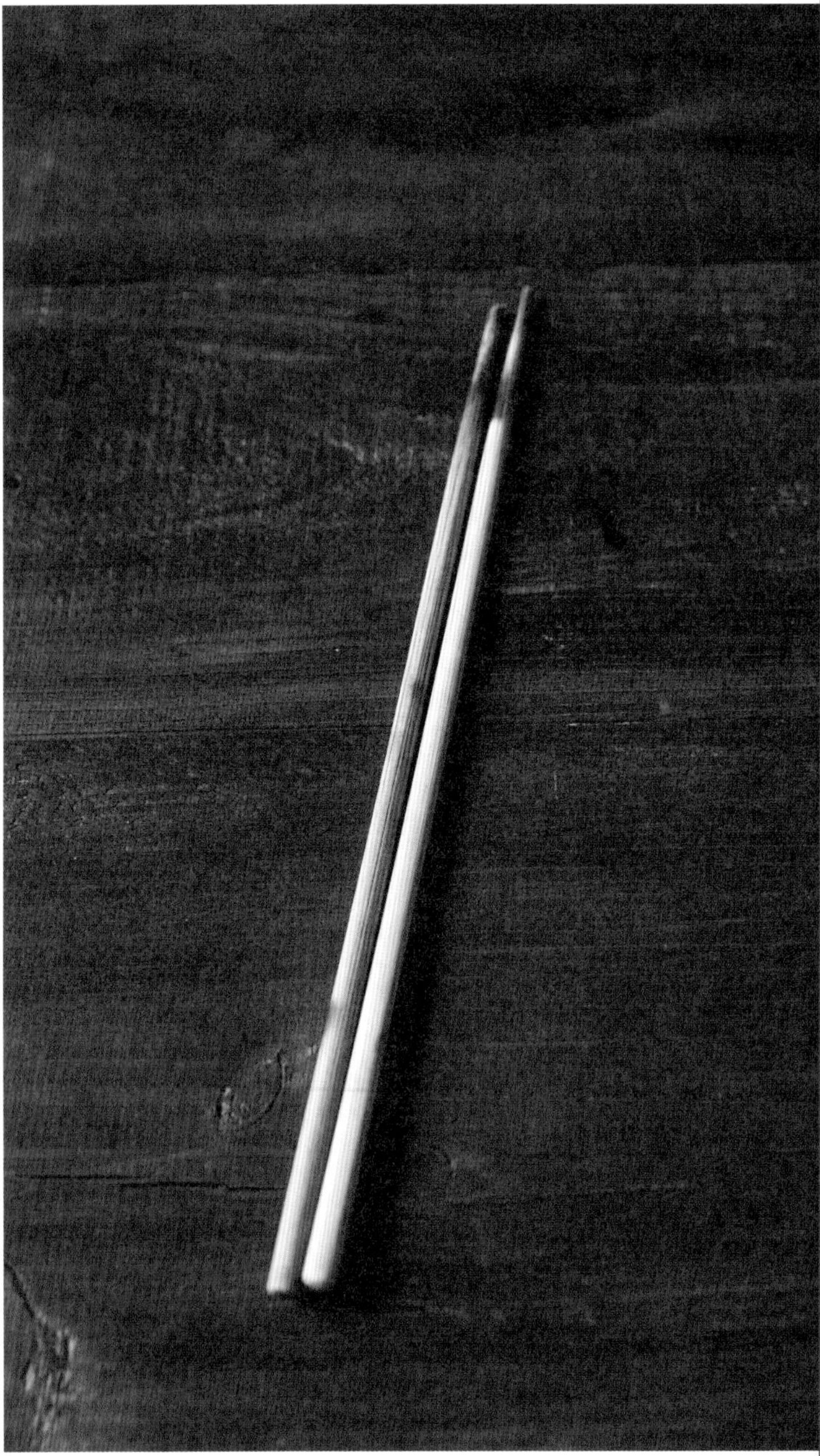

菜箸ほど、なんにでも使える、万能な道具はありません

肉を焼き付けるときも、トングなどは使わず菜箸で。生肉をつかんだらさっと洗って別の料理にすぐ使えるようにしておきます。

肉をソテーしたり、炒め物をしたり、パスタをゆでたり、サラダを盛り付けたり……。

そのすべてを私は菜箸だけでこなしています。トングやターナーなどの道具は、調理中には使いません。返す、混ぜる、盛るといった料理に関わる工程は、菜箸さえあれば全部できるからです。むしろ全部をこなせる道具って、菜箸しかないのではないでしょうか。

取り回しやすく、使ったらさっと洗えるのも利点。極端なことをいえば一膳あればいいくらいなのです。実際に、菜箸一膳しかないお宅で、何品もの料理を作った仕事もありました。やってみたらできるとわかれば、自然とそれで十分だと思えるようになるものです。

わが家のツール立てにある道具では、いちばん活躍している存在。特別どこのものがいいというこだわりはありません。撮影用にきれいなものもキープしてあるので何膳かありますが、使いやすい長さのものが一膳あればそれでよし、なのです。

せん切り用のスライサーは、数少ない愛用の専用道具

＊愛用しているスライサーは〈貝印〉のもの

にんじんはどこのお宅にもよくあるので、家政婦の仕事でも頻繁にキャロット・ラペを作ります。

調理道具は、これと決めつける必要はなく、なんでも使えると思っていますが、どうしてもこれだけは必要だという専用の道具があります。その数少ない一つが〈貝印〉のせん切り用スライサーです。切れ味が抜群で、とにかく切り口がきれい。いわゆる「しりしり」のようにざらりではなく、シャープにスパッとした仕上がり。押し引き両方の動作で切れるので、素早くできるのもありがたいポイントです。スライサーは、いろいろ使い比べてきたのですが、結局これがいちばん使いやすくて仕上がりがきれいという私なりの結論。

私はこれで、キャロット・ラペをよく作ります。スライサーがあればすぐにせん切りができて、あとはオイルやビネガーであえれば完成。ささっと仕上がるし、彩りもいいので喜ばれる一品です。ほかにもごぼうをせん切りしてきんぴらにすることもあれば、きゅうりを切ってサラダにも。せん切りが苦じゃなくなるので、料理が苦手な人や、忙しい人にとってのお助けアイテムだと思います。

ざるの用途を広げれば、ほかの道具が不要に

＊愛用しているざるは〈スリースノー〉のもの

こし器としてもよく使うざる。野菜は柔らかめにゆでておけば、ざるでもしっかりなめらかなピュレ状になります。

ざるにボウルをかぶせてふたをするようにすれば、即席のサラダスピナーに。上下に振ればきちんと水けをきることができます。

ざるといえば、ゆでた野菜やパスタをざっとあけて水きりするというのが主な使い方ですが、私はサラダスピナー代わりにも。たとえばレタスでサラダを作るときは、ざるに入れて、ボウルでふたをして上下に振る。これだけで、しっかり水きりができてしゃっきりした仕上がりになるので、専用品は必要ありません。炒め物をする前にも、このひと手間で、油はねを防ぐことができます。

さらに、こし器の代わりに使うことも。ステーキなどに添えるじゃがいものピュレは、ゆでたじゃがいもなどの野菜をぎゅっと押し付けて裏ごしすればよし。繊細でなめらかなピュレになります。フードプロセッサーなどがなければ、ポタージュを作るときにも活躍。

網のもののほうが、こし器や粉ふるいとしても使え、水けがしっかりきれるので、私は便利だと感じます。また、別の金具による脚が付いていないタイプのほうが、すき間に汚れがたまりにくく、乾きも早いと感じます。

まな板を小さくすると、料理がラクになります

＊愛用しているまな板は〈BIKITA Wood Life〉のもの

まな板ごとフライパンの上へ持っていき、切った素材をザーッと加えて。小さいまな板だからこそ手軽にさっとできます。

小さなまな板なら、わが家の狭い調理台でもストレスなく使うことができます。炒めながら次に加える食材を切ればスムーズ。

料理をする際、私はあらかじめ使う野菜をすべて切っておくという下ごしらえはしません。何かを炒めている間に、別の素材を切って投入すればいいから。切った野菜を置いておくスペースやバットが不要になるので、狭い調理台でも料理がスムーズに進みます。

となると、まな板は必然的に小さいサイズが便利。切った素材をまな板ごと持ち上げてフライパンや鍋にパッと入れることができます。さっと洗うのも、小さいほうがラクちん。

大きなまな板は、お客様へのおもてなし準備など、大量に野菜を切らなければならないときや、大きな白菜やキャベツなどを切り分けるときには登場しますが、ほとんどは、長辺が25センチほどの小さいまな板でまかなえます。

私が使っているのは、キッチンに置いているスツールと同じ作り手のもの。木の質感が好きでサイズがちょうどよく、チーズやフルーツを切ってこのまま食卓に出すこともできます。

ボウルは3サイズ、深めのものが使いやすいです

＊愛用しているボウルは〈コンテ〉のもの

ボウルは、大中小と3サイズ使い分けています。大はムース・オ・ショコラのメレンゲを混ぜたり、お客様をおもてなしする際のサラダを作ったり。中はふだんの料理であえ物を作るときに。小は合わせ調味料を作っておくときに便利です。

形状は、深さのあるタイプのものを愛用。あえ物を作るときやホットケーキの生地などを混ぜているときに、材料がこぼれにくいからです。持ったときにも抱えやすいので安定感があります。

また、縁に巻き込みがあるタイプは、水がたまりやすくて汚れが気になるので、少しカーブしているだけの縁のものを。ステンレスなら丈夫ですし、手入れもラクちんです。

調理中にこぼれにくい、洗いやすい、汚れがたまりにくい。一つ一つは小さなことかもしれませんが、そういうストレスを減らしていくだけで、料理も、あと片づけも、ぐんとラクになると思っています。

切る作業の9割は、ペティナイフでまかなえます

＊愛用しているペティナイフは〈ミソノ〉のもの

料理人だったという話をすると、今でも何本もの包丁を、素材や調理法に合わせて使い分けていると思われます。でも、今の私が料理中に手にするのは、ほぼペティナイフだけ。かぼちゃのように固い野菜や、大きなかたまり肉を切るときは別の包丁を使いますが、ふだんはほとんどの作業をペティナイフでこなしています。

ペティナイフというとフルーツ用というイメージが強いかもしれません。でも、私は野菜や肉を切るのも、玉ねぎの皮をむくのもこれで十分。手にほどよくおさまって、小回りがきいて思い通りに作業ができます。小さなまな板と同じように、ナイフ自体をパッと洗ってさっと使えるという点でも小さいほうが便利なのです。

私は、調理師学校を卒業したときに購入したナイフを、自分でとぎながら、ずっと愛用中。プロの料理人も使っているものですが、もちろん、どんな人にもおすすめです。切れ味のいいペティナイフさえあれば、切る、むくといった作業の9割はこなせると思います。

どんな食材もほぼペティナイフで切り分けています。トマトのヘタをくり抜くにも小さい刃の方が便利。

鍋はあれこれ持たず、軽くて入れ子になる4個で十分

＊愛用している鍋、フライパンは〈ティファール〉のもの

料理人時代は、店の営業が終わって家に帰っても寝るだけという生活でした。家ではほとんど料理をする時間がなかったほどです。ロマンと結婚し、いっしょに住むことになったときには、彼が持って来た寸胴の鍋と自分のフライパンしかありませんでした。

でも、その二つで十分なんとかなっていたのです。深さのある寸胴の鍋があれば、煮物もできるし、パスタをゆでることもできます。フライパンがあればソテーはもちろん、炒め物や揚げ物もできます。この時代に二つの道具でやりくりしていたことが、もしかしたら家政婦としての仕事にも役に立ったのかもしれません。

今の家でも少なめ。使うのは、取っ手がはずせる鍋の小鍋と中くらいの鍋、フライパン、深さのあるフライパンの4つです。ほかにもいくつかあるのは撮影の仕事用。家族のためだけなら、4つで十分です。小さな鍋はコンフィや揚げ物などをする際にも油の量が少なくて済むのでとても便利。中鍋は煮込み料理、フライパンはソテ

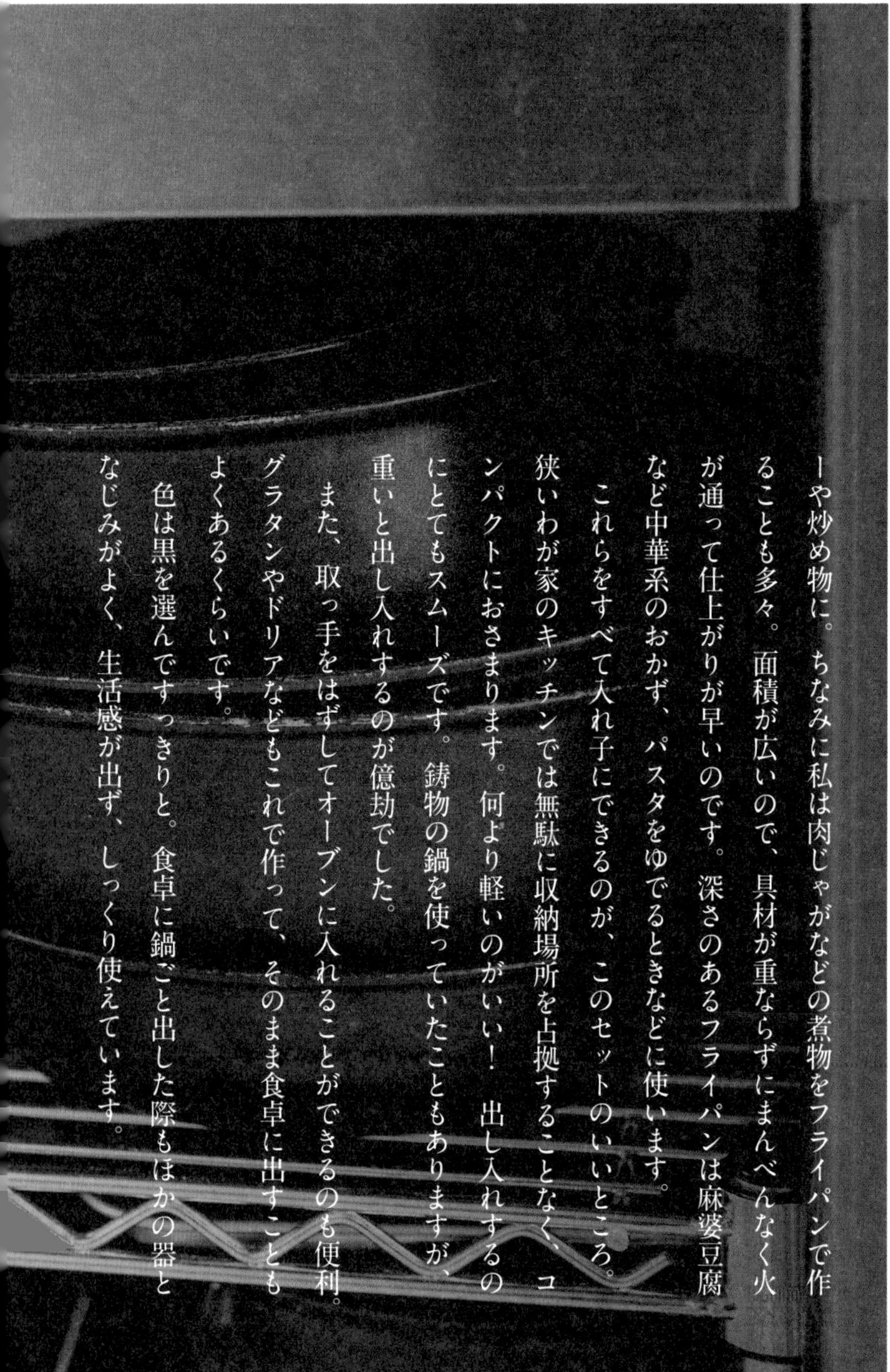

ーや炒め物に。ちなみに私は肉じゃがなどの煮物をフライパンで作ることも多々。面積が広いので、具材が重ならずにまんべんなく火が通って仕上がりが早いのです。深さのあるフライパンは麻婆豆腐など中華系のおかず、パスタをゆでるときなどに使います。

これらをすべて入れ子にできるのが、このセットのいいところ。狭いわが家のキッチンでは無駄に収納場所を占拠することなく、コンパクトにおさまります。何より軽いのがいい！　出し入れするのにとてもスムーズです。鋳物の鍋を使っていたこともありますが、重いと出し入れするのが億劫でした。

また、取っ手をはずしてオーブンに入れることができるのも便利。グラタンやドリアなどもこれで作って、そのまま食卓に出すこともよくあるくらいです。

色は黒を選んですっきりと。食卓に鍋ごと出した際もほかの器となじみがよく、生活感が出ず、しっくり使えています。

Luminous

特別な道具を追加するなら、グリルパンを

＊愛用しているグリルパンのメーカーは不明

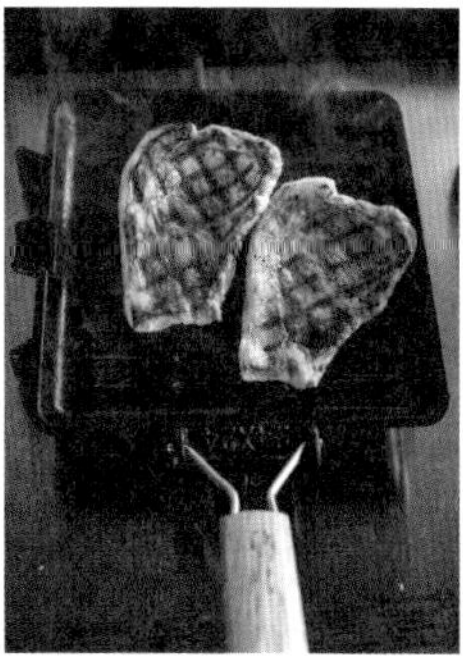

焼き目が付くだけで、なんとも食欲をそそる仕上がりに。すぐに焼き目を確認したくなりますが、じっと待つのがポイントです。

こんがりと焼き目が付いた肉は、もうそれだけで豪華な一品。もちろん、肉だけでなく、魚もしかり。さらには輪切りにしたトマトや大きめに切ったキャベツなどの野菜でも、焼き目が付くだけでぐっとワンランクアップして見えるから不思議です。

そんな香ばしい焼き目を付けようと思ったら、やっぱりグリルパンがあるとよいです。わが家は魚焼きグリルのないガス台なので、なおさら重宝しています。

しっかり熱したら、具材をのせてじっと待つ。決していじってはいけません。焼き目がきちんと付くように、うまみが閉じ込められるように、しばし待ってください。香ばしい匂いを感じてきたら、焼き目を確認し、裏返して。焼き目は一方向だけでもいいですが、写真のようにずらして格子状にしてもおいしそうに仕上がります。

ただ焼くだけで、立派な料理にしてくれるのが、グリルパン。道具は厳選する派の私も、持っておきたい道具です。

食器はベーシック＋αで楽しんでいます

＊愛用しているシンプルな白い皿は〈イケア〉のもの

インテリアもファッションも、基本はベーシックで、そこにちょっとアクセントを効かせるのが好み。それは食卓の上でも同じで、食器も基本はベーシックな白いものを多く登場させます。

〈イケア〉の白い皿は、どんな料理を盛り付けてもしっかり受け止めてくれる頼もしい存在。ステーキも様《さま》になりますし、煮込み料理を取り分けることもあります。銘々の取り皿として日々使っていますが、万能に使えるベーシックは便利と手にするたびに思います。

そこに合わせるのは、フランスで思いきって奮発して買った〈La Tuile à Loup〉の器や、骨董市で見つけてきたかわいい柄の入ったものです。家族分を盛り付ける大皿として使うことが多いのですが、一つあるだけでテーブルが楽しげに。〈La Tuile à Loup〉のものは、決して安くはないのですが、好きなものだからと思いきりました。ファッションに無頓着で、あまりお金をかけない私のささやかな贅沢。どれも食卓でのいいポイントになってくれています。

〈La Tuile à Loup〉の器は、派手な柄のものよりも、少しポイントになるデザインや柄の入っているものを選びました。お客様が来たときには、大皿にどーんと料理を盛り付けると食卓が一気に華やぎます。

フランスののみの市などで購入した皿。白地をベースにかわいい柄のものをセレクト。もっとたくさんあったのですが、送る際に梱包がうまくできていなかったせいで半分ほど割れてしまい、悲しい思いをしました。

狭いと、じつは効率的な調理ができるようになります

わが家のキッチンは狭いということもあって、あえて下ごしらえや下準備のようなものをしないようにしています。料理本にはよく、最初にすべての材料を切る工程が書かれていますよね。でも、わが家でそれをしようものなら、調理台がいっぱいになってしまって料理がスムーズに進みません。洗い物も増えてしまってすぐにシンクがいっぱいになるのは目に見えています。もちろん、先に全部切ったほうが安心、効率的という場合もあるのですが、先に全部切るのが正解と思い込む必要はないと思っています。

まな板のページでも書いたことですが、私はいつも炒めたり煮たりしている最中に、次に投入する材料を切っていきます。火の通りにくいものから、カットして加えていけばいいので、バット類を出し入れする手間もなければ、洗い物も少なくてすみます。

狭いということをデメリットに感じる人もいるかもしれませんが、私はコックピットのよう

狭いからこそ、あれこれ置かずに段取りよく。先に切った素材を炒めたり、煮込んだりしながら次に使う素材を切り、使い終わったらすぐに洗ってどこもすっきりと進めます。

なわが家のキッチンをとても気に入っていますす。たくさんのお宅でお仕事をさせてもらってわかったのは、必ずしも広いキッチンである必要はないということ。狭ければ、動線が短くてすみますし、必要なものにすぐ手が届いて快適なんだと実感しています。

狭ければ狭いなりに、調理台がいっぱいにならないよう、洗い物が少なくてすむよう、きちんと段取りを考えるようになります。結果、料理がスムーズに進められ、時短にもつながるのではないでしょうか。狭いキッチンのおかげで道具を使うたびにさっと洗うクセもつきました。狭いキッチンって、じつはいいことのほうが多いのではないかと思うほどです。

シンクは第2の調理台。いつも片づけながら調理を

キッチンが狭いからこそ気をつけているのは、洗い物をためないこと。シンクに調理道具や食器がたまってくると、それだけで面倒になり、やる気がぐんと落ちてしまうと思うのです。

私は使ったらすぐ洗うようにしています。そのほうがシンクにたまることもないですし、一度使ったものをまた手にしようと思ったときに気持ちがいいものです。あー、また洗わなくちゃ、と思い始めると途端に憂うつな気持ちがムクムクと湧いてきてしまうもの。手を洗う必要が出たときに、必ずついでに道具を洗うなどと習慣づけるといいかもしれません。

いつもシンクがきれいに空いていれば、食材の一時置き場にもできます。洗い物のついでにシンク内もすぐにパッと拭くようにして清潔に。落ちた野菜も食べられるくらい、第2の調理台として使える場所にしています。狭いからこそ、シンクもきちんと有効的に使ったほうが料理もスムーズ。楽しく進められるようになります。

調味料をたくさん持つ必要はありません

忙しい日々の中で、時間も手間もじっくりかける料理はなかなか難しいもの。自然とシンプルなレシピが多くなります。となると、必要な調味料もそれほど多くありません。

写真は、私がフランスの家庭料理を作るときに使う主な調味料。塩、こしょう、マスタード、バター、コンソメ、オリーブオイル、りんご酢です。これさえあれば十分。あとは素材のうまみをきちんと引き出すような、ちょっとしたコツ（3章を参照）を覚えておけば大丈夫。和食用に米油、米酢、しょうゆ、みそ、砂糖をプラスすれば、調味料はまかなえます。

使いこなせない調味料をあれこれ増やすより、シンプルな調味料だけで作ってみる。もし甜麺醤とレシピに書かれていたら、みそとしょうゆと砂糖を混ぜればいいように、何かしら代用はできるもの。家政婦でお邪魔するお宅でも、それで十分やりくりできています。実際やってみると、調味料の賞味期限に追われなくなり、冷蔵庫もすっきりしてくるはずです。

BERTOLLI
DAL 1865
EXTRA VIRGIN
BEURRE D'ISIGNY
DOUX • UNSALTED
500g
MAILLE
PARIS
1747
DIJON

始末をよくすることで、台所はうまく循環します

肉や魚に下味を付けるとき、私はその食材が入っていたトレイをそのまま活用しています。バットに入れ替えるというのは、道具の出し入れの手間が増えるうえに、洗い物も増えてしまって面倒だから。

この工程で大切なのは、バットという道具を取り入れることよりも、肉や魚の表面についた水分をキッチンペーパーできちんと拭くことです。目的は、塩、こしょうなどの下味を付けること。その目的がかなえばいいのですから、トレイでこと足りるのです。新たに道具を買わずともあるものを使えばいいという考え方です。

また、長ねぎの青い部分やちょっと残ってしまったセロリの茎や葉、冷蔵庫に忘れてしまっていたにんじんの切れ端など、捨てがちな野菜も取っておいて大切に使っています。煮込み料理を煮込むときや、肉や魚を焼く前にマリネするときにいっしょに加えると、それだけでハー

ブがなくても、香りや風味が増しておいしい仕上がりになるからです。

どんなものでも使えるものはきちんと使いきる。結果、無駄もなくなって、ごみも減らすことができるのなら、とてもいいことだと思います。それに、洗い物が少ないということは、そのぶん水の節約にもなりますし、洗剤を使う量も減りますよね。

一つ一つは小さなことかもしれませんが、エコにつながることを無理なくコツコツ続けることが大切なのではないかと思うのです。それが料理をする人間の責任かなと思って、始末のいい台所を心がけるようにしています。

使いきれなかった野菜の切れ端やクズ野菜は、ざるや密閉袋にまとめておくと、忘れずにきちんと使いきることができます。

肉や魚、さらにトレイについている水分はきちんと拭き取ってから下味を付けます。臭みの原因になるので大切な工程です。

LAROUSSE
des cuisines
régionales
500 recettes
200 produits
40 chefs
LAROUSSE

3章

ラクしたいときこそフランス料理！
35文字でわかる10の格言

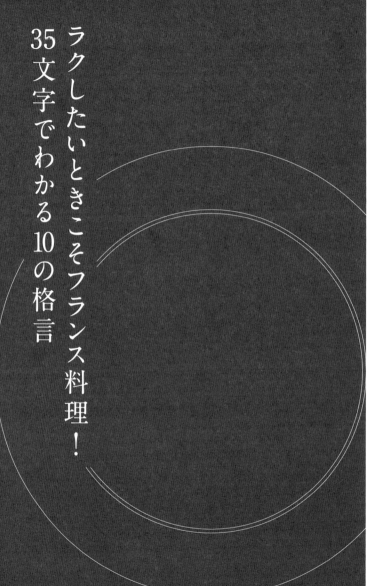

NORITZ

どうして、フランス料理はラクなのか？

フランス料理と聞くと、おもてなしや、レストランで食べる料理を思い浮かべる人が多いように思います。豪華だけれど、手間のかかるものというイメージでしょうか？　もちろん、そういうフランス料理もありますが、家庭でも同じではありません。日本人と同じように、毎日ごはんを食べるわけですから、手間ばかりをかけてはいられないのです。

学校や研修先でフレンチを学んでいる間も、料理人としてレストランで働いているときも、私がいちばん惹かれたのは、フランスのふつうの家庭料理でした。フランスでの研修中も、レストランの料理よりもまかないが好き。家庭料理ばかりが気になり、読む本も、見るテレビ番組も、フランスの家庭料理や地方料理が学べるものばかりでした。

フランスの家庭にお邪魔すると、本当にシンプルな前菜をつまみながら、煮込みやオーブン料理ができ上がるのを待ちます。前菜は買ってきたサラミのこともあれば、ラディッシュ（赤かぶ）だけをポンと出されたり、プルーンをベーコンで巻いて焼いただけだったり。まったく、気負っていません。煮込みもオーブン料理も、最初に少しだけ作業をすれば、あとは鍋やオーブンにおまかせ。何品も食卓に並べることもなく、シンプルです。

だから、フランス料理って、ラクなんですよ。忙しいな〜ってときこそ、フランス料理が便利です。和食は、主菜があって副菜があって、ごはんを炊いて、みそ汁作って……。なんとも手間がかかりますが、フランス料理なら、簡単な前菜をつまみながら、煮込み料理ができ上がるのを待ち、鍋ごと食卓にどーん。盛り付けだって、手放せます。料理ができ上がるまでに時間があるので、調理に使った道具はその間に洗っておけるし、取り皿だって、基本一人1皿。前菜もメインも同じ皿で食べるので、食後の皿洗いもラクラクです。

子どもが待てないときは、わが家はにんじんなどの切れ端を渡して、料理ができる間、いっしょに遊ぶようにしています。手が離せる煮込みやオーブン料理だからこそ、料理にかかりきりにならずにすみ、子どもとじっくり向き合う時間もできて、メリットいっぱいです。

もちろん、いつもフレンチなんて無理かもしれません、でも、じつは、忙しい日こそフレンチという選択肢があることを知っておくと、とても気持ちがラクになると思います。

［志麻さんのフレンチの格言］

1

フレンチの味付けは、基本、塩。
だから、わかりやすくて、
料理がラク！

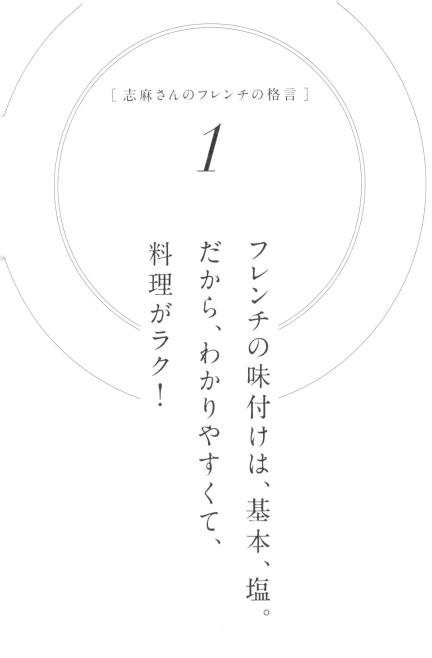

和食は、しょうゆに砂糖、酒、みりんなど、複数の調味料を組み合わせて味を決めます。つまり、塩やしょうゆだけで味付けが完了することは、あまり多くありません。でもフレンチは、基本、塩だけで味を決めます。和食のように、しょうゆを増やしたら、みりんも増やしてなどと複雑に考える必要がないので、とてもシンプルです。自分がちょうどいいと思える味まで、塩を加えればいい。塩だけで味付けが完了する。そう知ると気がラクになりませんか？　フレンチは、和食よりわかりやすいんです。フレンチはラクと私が考える理由はそこにあります。

塩には、味を付けるだけでなく、素材のうまみを引き出す力があります。最後にまとめて加えるのではなく、肉や魚、そして野菜のうまみを引き出すように、段階的に塩をすることが料理をおいしくするコツです。

ラタトゥイユを例にとると、最初に玉ねぎを炒めますが、炒めるときに、塩をひとふり。そして玉ねぎがしんなり汗をかき、少し色づくまで炒めたら、残りの野菜を加えて、さらにひとふり。この塩で野菜の水分を出させ、ゆっくり炒めてうまみを凝縮させます。野菜に油が回ったらすぐにトマト缶詰を入れて煮る人も多いようですが、塩を加えてしっかり炒めることで、おいしさが変わってきます。逆にトマトを入れてからはさっと煮るだけでＯＫ。そして味見をし、足りなければ、最後の塩で完成です。

とにかく、最初の塩が大事です。肉を焼くときも、先に塩をして、うまみを引き出すようにします。どうせ塩だけなら、最後にまとめて入れればいいと考えてしまうかもしれませんが、まとめて加えると、うまみが引き出せません。すると味を強くするためにたくさん入れる必要が生まれ、段階的に加えるよりも、結果的に塩が強くなってしまいます。

何度にも分けて塩を加えるのは、ちょっと面倒に感じられますか？　でも、ほかの調味料がいらないぶん、塩だけに集中できるはず。珍しい調味料や変わった食材を使わず、これだけでぐっと料理がおいしくなるので、ぜひ、塩に意識を集中してみてください。

塩の分量を小さじやグラムで説明するのは、本当に難しいこと。野菜の持っている水分、肉の脂身の量によっても変わってしまうので、一概には言えません。最初にひとつまみ、ひとふり。つどつど、そんな感じで加え、最後は自分がちょうどいいと感じるところまで。最後の塩は迷ったら、加えなくてもいいです。フランスの義母たちの食卓では、味が薄いなと感じるものもよく登場します。そのために卓上には塩があり、最後は、自分の好みに食卓で完成させるのです。そんなフランス流のごはん作りは、私たちの気持ちをラクにしてくれるはずです。

煮込み料理のとき、最初に炒める玉ねぎにもまず、塩をひとつまみ。玉ねぎに「汗をかかせる」ことで、うまみ、甘みを引き出します。

塩をするときに、均一にふれるよう、「さらさらとした焼き塩」を選んでいます。塩をするという感覚が研ぎすまされる気がします。

野菜の水分が飛んで、全体がくったりするまで炒め、うまみを引き出してからトマト缶詰を加えます。

ラタトゥイユ

塩でしっかりうまみや甘みを引き出すので、
野菜だけなのに、ハッとするおいしさ!

材料(2～3人分)

玉ねぎ	1個
なす	2本
ズッキーニ	1～2本
パプリカ(赤・黄)	各1個
トマト缶詰(400mℓ)	1個
にんにく	1かけ
オリーブオイル	適量
塩、こしょう	各適量
タイム、ローリエ(あれば)	各適量

*炒めるというより、ときどき混ぜる程度で大丈夫。その間に次の野菜を切ると効率がよい。

作り方

❶ 鍋にオリーブオイルとつぶしたにんにくを入れ、香りを引き出すように熱する。玉ねぎをみじん切りにして加え、塩をふってじっくり炒める*。その間に、なす、ズッキーニ、パプリカを1～1.5cm角に切り、切った順に鍋に加えて炒める。鍋に野菜がはりつくようなら途中オリーブオイルを加える。塩をふって炒め、全体がくったりして、引き出された野菜の水分が飛びきるまで炒める。

❷ トマト缶詰を加え、実をつぶす。水100～200mℓで缶の内側をすすいでから、その水、タイム、ローリエを加えて弱火で煮込む。全体にトマトがなじんだらＯＫ。味をみて足りなければ塩、こしょうで味をととのえる。

［志麻さんのフレンチの格言］

2

野菜は〝ピュレ〟
という一手を覚えると、
付け合わせの幅が広がる

フランスでは、大人も子どもも大好きな付け合わせ、それがピュレです。野菜を柔らかくゆでてつぶしたもので、頻繁に食卓にのぼります。ピュレといったら、まずイメージするのが、じゃがいもですが、かぼちゃ、ブロッコリー、カリフラワー、さつまいもなど、いろいろな野菜でピュレを作ります。

和食で野菜を副菜にするときは、食感を残すことを大切にしますが、フランスのピュレは、くったりと柔らかくゆでてからつぶすので、食感はほぼありません。なめらかになるよう、ていねいにこすこともあれば、ゆでてスプーンでつぶすだけのことも。野菜は柔らかくゆでることで、野菜が本来持つ甘みを強く感じられ、子どもにも食べやすくなります。

ピュレのよさは何にでも合うこと。焼いた肉や魚でも、煮込みの料理にも。野菜の付け合わせとして、いろいろな料理に合わせます。牛乳の量は好みで。多めならメインの下に敷いてソースのように、少なめならぽってりとした付け合わせになります。ポイントはピュレ自体に、ほぼ塩味を付けないこと。ゆでるときの塩も不要です。肉や魚には塩をしっかりしてうまみを引き出すぶん、ピュレは薄味のほうがバランスがよくなります。1品で味を完成させるのではなく、メインと付け合わせの組み合わせで味がととのうようにするのもフランス流です。

こちらは、さつまいもを柔らかくゆでてスプーンでつぶして仕上げたピュレ。つぶすだけだと、素朴な仕上がりになります。

本格的なこし器がなくても、ざるさえあればなめらかなピュレになり、より繊細な食感に。こすか、こさないかは、お好み。

じゃがいものピュレ

なめらかなピュレを、
ソースのように肉にまとわせると極上の味

材料(2人分)

じゃがいも(メークイン)‥‥2個
バター(加塩)
‥‥‥‥10g(大さじ1弱)
牛乳‥‥‥‥‥‥‥‥‥‥100mℓ
(食塩不使用のバターを使う場合は塩少々)

※今回はグリルパンで焼いた豚肉に添え、グリルパンに残った肉のうまみにワインを加えて煮詰めた汁をソースとしてかけました。

＊水分を飛ばさないと水っぽく仕上がるので、表面が乾くまで少しだけざるに広げる。完全に冷めると粘りが出るので温かいうちにこすことも大切。

作り方

❶ じゃがいもは皮をむいて4～6等分に切る。鍋にたっぷりの水とともに入れ、火にかける。ふたはせず、箸などをさすとほろっと崩れる程度まで柔らかめにゆでる。ざるに上げてそのまましばらくおき＊、余熱で水分を飛ばす。

❷ ざるを鍋の上にのせ、スプーンを使っていもをこす。バターを加えて混ぜ溶かし、牛乳を少しずつ加えて弱火で温めながら混ぜる。焼いた肉や魚に添えて、付け合わせ兼ソースにする。

［ 志麻さんのフレンチの格言 ］

3

フレンチでは、炒めない。
とにかくいじらず、
焼き付けるのがコツ！

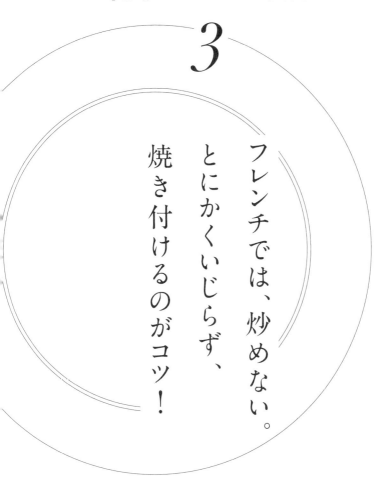

日本では炒め物をよく作るからでしょうか、料理をするときに、菜箸や木べらでちょこちょこと素材をいじってしまいたくなりますよね。ところがフランス料理にはずっと素材を動かし続けるような工程はありません。ラタトゥイユのレシピなどで、炒めるという表現は出てきますが、絶えず具材を動かすというより、ときどき混ぜる程度です。ソテーはなおさら、いじらないことがなによりのポイントです。触るというひと手間を省けるのに、料理がおいしくなる。ラクになって、さらにおいしくなるのですから、ぜひ意識してください。

肉は表面を焼きかためることで肉汁が中に閉じ込められます。いじってしまうとまわりの膜が作れません。だから触らずにじっと我慢し、ただ焼く。油はしっかりひいて、最初は強火で。じーっと耳をすませば、焼けてくる音がするはずです。そうしたら火を弱めますが、それでも弱火にはしません。まんべんなく火があたるよう、素材を動かしたくなりますが、これも我慢。フライパンを少しずつずらして全体に火を回します。肉を持ち上げて焼け具合をこまめに確認することも避けたいので、上から肉を見て、縁が白くなるのを見極めます。火加減や肉の大きさによっても違うので、音に耳をすまし、素材をよく見てひっくり返すタイミングをはかります。いつもよりは長めを意識するだけで、おいしさが大きく違ってくるはずです。

肉やきのこを動かすのではなく、フライパンをずらして、外側に置いた素材にもコンロの火が均等にあたるようにします。

鶏ときのこのソテー

一口食べたら、
肉ときのこのうまみが
ぶわっと口に広がる、凝縮感！

材料（2人分）

鶏もも肉	1枚
しいたけ	2個
マッシュルーム	大2個
しめじ	1/2パック
パセリのみじん切り	大さじ1
にんにく	1かけ
サラダ油	大さじ2
塩、こしょう	各適量

＊1 水っぽくなってしまうので、きのこは洗わず、ペーパーで汚れを拭き取る。

＊2 弱すぎるとこんがり焼き色が付かないので、最初は強火。音に耳をすまし、しっかり焼けている音を感じたら火を弱める。

作り方

❶ 鶏肉は大きめの一口大に切り、両面に塩をしっかりめにふる。しいたけ、マッシュルーム[*1]は半分に切る。しめじは大きめの小房に分ける。

❷ フライパンにサラダ油を入れ、鶏肉を皮目を下にして並べる。空いたスペースにきのこの切り口の断面が下になるように並べる。フライパンを強火にかける[*2]。ここからしばらくは、肉もきのこも触らない。

❸ 焼いている間に、パセリ、にんにくをみじん切りにする。きのこは1個だけ裏を見て、しっかり焼き色が付いていたらひっくり返す。鶏肉は上から見て白い部分が縁に見えてきたらひっくり返し、中まで火を通す。フライパンを傾けて出てきた脂を拭き取り、塩、こしょうをふって、にんにく、パセリを加え、混ぜる。

お手数ですが
切手を
お貼りください

郵便はがき

150-848２

東京都渋谷区恵比寿4-4-
えびす大黒ビ
ワニブックス 書籍編集

お買い求めいただいた本のタイトル

本書をお買い上げいただきまして、誠にありがとうございます。
本アンケートにお答えいただけたら幸いです。
ご返信いただいた方の中から、
抽選で毎月5名様に図書カード(1000円分)をプレゼントします

ご住所 〒 TEL(　　-　　-　　)	
(ふりがな) お名前	
ご職業	年齢　　歳 性別　男・女
いただいたご感想を、新聞広告などに匿名で使用してもよろしいですか?　(はい・いいえ)	

※ご記入いただいた「個人情報」は、許可なく他の目的で使用することはありませ
※いただいたご感想は、一部内容を改変させていただく可能性があります。

●この本をどこでお知りになりましたか?(複数回答可)

1. 書店で実物を見て　　2. 知人にすすめられて
3. テレビで観た(番組名:　　　　)
4. ラジオで聴いた(番組名:　　　　)
5. 新聞・雑誌の書評や記事(紙・誌名:　　　　)
6. インターネットで(具体的に:　　　　)
7. 新聞広告(　　　　新聞)　　8. その他(　　　　)

●購入された動機は何ですか?(複数回答可)

1. タイトルにひかれた　　2. テーマに興味をもった
3. 装丁・デザインにひかれた　　4. 広告や書評にひかれた
5. その他(　　　　)

●この本で特に良かったページはありますか?

[　　　　]

●最近気になる人や話題はありますか?

[　　　　]

●この本についてのご意見・ご感想をお書きください。

[　　　　]

以上となります。ご協力ありがとうございました。

［ 志麻さんのフレンチの格言 ］

4

少ない水分で
じくじく煮る＝ブレゼは、
うまみを凝縮させる調理法

「蒸し煮」と訳される、〝ブレゼ〟というフレンチの調理法があります。基本は肉を焼いて、水分の多い野菜を加え、ふたをして煮るだけ。鍋におまかせでき、手間のかからないシンプルさですから、覚えておくと便利です。ワインなど、プラスする水分は少しだけで、基本は野菜自体が持っている水分で素材を煮るだけですが、加熱されるうちにじわじわと放出される野菜の水分で煮ることになり、甘みやうまみが薄まらないのです。

ブレゼに大切なのは、ふた。そして、加える水分が少ないぶん、火加減も重要です。ボコボコと音がするほど煮立った状態だと強すぎ、まったく素材に動きがないほどだと弱すぎなので、ソテーのときと同じで、やっぱり耳をすまして、火加減をしてください。

キャベツや白菜、かぶ、大根など、水分の多い野菜がブレゼ向き。次のページで紹介する、大根と牛肉のブレゼは、野菜は大根だけにしてシンプルに作りましたが、ほかの野菜を加えても大丈夫です。水分の多い野菜が入っていれば、じゃがいもは大きめに、にんじんは小さめに切って加えてもかまいません。今回は、火の通りやすいこま切れ肉を使ってうまみをプラスしていますが、鶏もも肉やとんカツ用の豚肉もブレゼには向いています。ベーコンやソーセージなどでも大丈夫。最後に加えたマスタードは酸味と風味を付け、アクセントになります。

ふたをして、少ない水分でじくじく煮るので、ブレゼ＝蒸し煮。野菜のうまみが引き出され、素材の味を感じます。

大根と牛肉のブレゼ

うまみが凝縮されたあっさり煮もの。
和風に見えますが、
マスタードがアクセントになり、
味は完璧フレンチ!

材料（2人分）

牛こま切れ肉…………250g
大根……………………½本
玉ねぎ…………………小1個
白ワイン………………100mℓ
コンソメ（キューブ）………1個
粒マスタード……大さじ1～2
サラダ油…………大さじ1
塩、こしょう…………各適量
タイム、ローリエ（あれば）
……………………各適量

作り方

❶ 玉ねぎは繊維と直角に幅1cmの半月切りにする。鍋にサラダ油をひき、牛肉、玉ねぎを入れる。塩をふって中火で焼き付けるように炒める。

❷ 大根を厚さ1cmの半月切りにし、鍋に加える。白ワイン、コンソメを加えてふたをし、中火で煮る。沸騰したらあくを取って火を弱め、タイム、ローリエを加えて、ふたをして煮る。この間に大根の葉をみじん切りしておく。大根にすっと箸が通るくらいになったら（途中水分が足りなくなったら少しだけ水を足す）、粒マスタード、大根の葉を加えて混ぜる。味をみて足りなければ、塩を足し、こしょうをふる。

［志麻さんのフレンチの格言］

5

煮込みは、こびりついた
うまみを無駄にしないことと、
時間でおいしくなる

肉を焼き付けてまわりをしっかり焼き固めることで肉汁を逃さないというコツを、鶏肉ときのこソテー（114ページ）でご紹介しました。煮込みのときも同じように肉はしっかり焼き付けますが、どうしても、フライパンにこびりつきが残ります。これはうまみの素なので、洗い流さないようにしてください。こびりつきの残ったフライパンにワインやビール、水など、煮込みに使う水分を加えて、そのうまみを溶け込ませ、その水分もろとも煮込みのソースに入れます。このひと手間で、煮込みのうまみがぐっとアップし、おいしくなります。

煮込みをおいしく作るもう一つのコツは、時間です。しっかり焼き付けてうまみを閉じ込めたら、あとはひたすら煮る。日本の家庭料理では、さっと短時間ででき上がるものを手軽なメニューとする傾向があって、長時間煮込む料理は避けられがちです。でも、煮込み料理は、たしかに時間はかかりますが、自分が手を動かす工程は少なく、煮ている間にほかのことがいろいろできるので、ラクな料理だと思います。時間が料理をおいしくしてくれるのを待つ間、副菜も作れますし、洗濯物をたたんだり、子どもたちと遊んだりもできます。工程自体は少ないですから、フレンチの煮込み、ぜひ作ってほしいなと思います。煮返すことでおいしくなる料理なので、一度に多めに作れば、さらにラクです。

フライパンにこびりついた「うまみの素」にビールを加え、煮溶かしてから肉の鍋に加えます。

豚バラ肉のビール煮

肉のうまさ、玉ねぎの甘み、
ビールの苦味が
三位一体となった濃厚煮込み

材料（2～3人分）

豚バラ肉（かたまり・骨つき）
…………… 2本（約500ｇ）
（なければ豚スペアリブ、または豚バラのかたまり肉）
ビール………………… 500mℓ
玉ねぎ………………… 1個
コンソメ（キューブ）…… 1個
はちみつ…………… 小さじ1
サラダ油……………… 適量
塩、こしょう………… 各適量
タイム、ローリエ（あれば）
…………………… 各適量

※今回はさつまいものピュレを添えています。

＊玉ねぎをしっかり焼き炒めて（こまめに動かす必要はない）、甘みを引き出しておくとビールの苦味とのバランスがよくなる。それでも苦いと感じたら最後にマスタードを加えると味に厚みが出て緩和される。

作り方

❶ 玉ねぎは薄切りにする。鍋にサラダ油を入れて火にかけ、玉ねぎを加える。塩をふり、全体がしんなりし、ほんのり色づくまでしっかりめ＊に焼き炒める。

❷ 豚肉は全体に塩、こしょうをまぶす。フライパンにサラダ油を中～強火で熱し、豚肉の表面全体を焼き固める。①の鍋に加え、脂はペーパータオルで取り除く。ビールを50mℓほどフライパンに入れて煮立たせ、フライパンにこびりついたうまみをこそげとり、鍋にうつす。鍋に残りのビールと、ひたひたになるくらいの水を加え、煮立たせる。あくを取り除き、コンソメ、はちみつ、タイム、ローリエを加えて20～30分、肉が柔らかくなるまで、ぐつぐつした状態になるくらいの火加減で煮る。

［ 志麻さんのフレンチの格言 ］

6

エスカルゴバターを作っておけば、のせるだけでフレンチのソースになる

肉や魚などを食べるとき、フランスではシンプルに塩、こしょうだけで、素材の味を楽しむことが多いです。一方で、ソースを楽しむ食文化でもあるので、定番のソースを一つだけでも覚えておくと便利。おいしさをアップしてくれ、見た目も華やかになります。

フランスの友人たちは、男性も含め、ソースを気軽に作っています。ハーブが簡単に手に入りますし、フードプロセッサーを使い慣れているからかもしれません。今回は、エスカルゴバターをご紹介しますが、これはブルゴーニュ地方の定番ソース。日本でも手に入りやすいパセリとにんにく、バターを混ぜるだけで完成する簡単さです。フードプロセッサーがあればラクですが、もちろん包丁でみじん切りにしてから混ぜる方法でも大丈夫。まとめて作って冷凍しておけば、使うときに必要量を切り出せばＯＫなので、活用しやすいと思います。

牛肉をただ焼いただけのステーキに、ポンとのせる。肉の余熱で溶けていくので、パセリのさわやかさと、にんにくの香りやうまみのあるソースとして、肉にまとわせながらいただきます。サーモンソテーなど、魚のソースにしても好相性で、シーフードミックスを炒めるときに使うのもおすすめ。もちろん、ただパンに塗って焼けば、ガーリックトーストも簡単にできます。スープに落としたり、トマトソースの仕上げにアクセントとして加えたりもいいですよ。

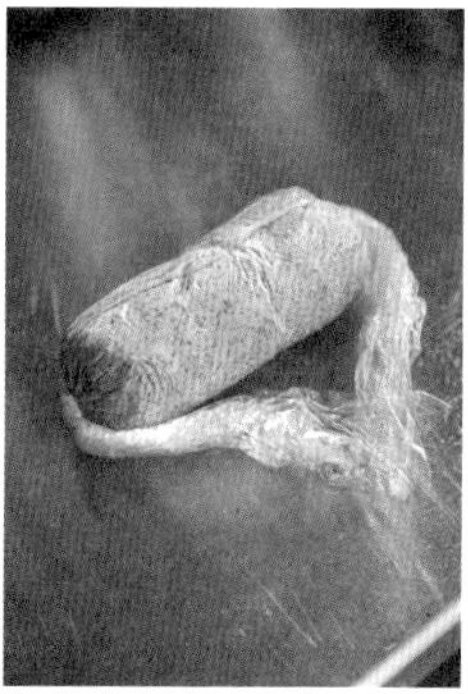

すぐ食べないぶんは、ラップに包んで直径2cmほどの棒状にして冷凍。冷凍のまま必要量を切り出し、室温に戻して使って。

パセリがじんわり汗をかくまで混ぜることで、きれいな緑色に。冷蔵庫から出したての冷たいバターを加えるのもポイント。

エスカルゴバター

パンチのあるにんにくと、さわやかなパセリの香り。
のせるだけで、本格フレンチの味に!

材料(作りやすい分量)

バター(加塩)…………100g
パセリの葉…………15g
にんにく…………1かけ
塩…………5g
こしょう…………適量

※今回は、牛肉を焼いたステーキ1枚に厚さ1cmほどに切ったエスカルゴバターをのせています。

作り方

❶ フードプロセッサーににんにくを入れて、細かくなるまで回す。パセリを加えて、パセリがじんわり汗をかくくらいまで回す。

❷ 冷蔵庫からバターを出し、2cm角くらいに切ってフードプロセッサーに加え、塩、こしょうを加える。全体が緑色になり、バターがまとまるまで、さらに回す。

［ 志麻さんのフレンチの格言 ］

7

油で〝煮る〟という
選択肢を知っておくと
料理のレパートリーが広がる

油で調理＝揚げると考える人が多いと思いますが、フレンチには〝コンフィ〟＝オイル煮という調理法があります。フルーツの砂糖漬けなどもコンフィといいますが、肉や魚を低温の油でじくじくと、時間をかけて煮ることもコンフィです。もともとは、食材の保存性を上げるための調理法ですので、作りおきできますし、なによりコンフィにすると、味わいや食感が変わるので、スーパーでいつもの食材を買ってきたとしてもレパートリーが増えます。

コンフィの最大の魅力は、油の中でゆっくり水分が抜け、素材の味がギュッと凝縮されること。そして、素材によってほろほろと柔らかく仕上がるものもあれば、独特の食感になるものもあり、同じ素材を焼いたときとは違うおいしさが生まれ、新たな出会いになります。

食材がひたるほどの油が必要なので、一見面倒かもしれませんが、ただ弱火にかけておくだけという簡単さ。油がコンロのまわりに飛び散ることもほぼないので、片づけもラクです。肉のうまみやいっしょに入れたにんにくやハーブの香りが付いた香味&うまみ油が副産物として残るので、炒め物などに使うと風味が加わり、美味。無駄にはなりません。

今回は鶏むね肉で作ったのでムギュッとした食感ですが、鶏もも肉で作ればしっとり柔らかになりますし、鶏の手羽元、豚バラ肉のかたまりで作るのもおいしいです。

小さな泡が、ふつふつと出ているくらいの火加減で。ぼこぼこしているのは強すぎ、まったく動きがないのは弱すぎです。

鶏むね肉のコンフィ

肉のうまみがギュッと凝縮し、
歯ごたえのあるムギュッとした食感に仕上がります。

材料(2人分)

鶏むね肉(皮なし)……… 1枚
サラダ油………… 2カップ
にんにくの薄切り…… 1かけ分
塩、こしょう………… 各適量
粒黒こしょう、ローリエ、タイム、
　パセリの軸(あれば)… 各適量

※今回は少ない水で蒸しゆでにした菜の花を添えました。

＊油の中で1回冷ますと、しっとり仕上がり、ぱさつきにくくなります。

作り方

❶ 鶏むね肉は全体にフォークで穴をあける。しっかりめに塩、こしょうをふり、にんにくをまぶして、15分ほどおく。

❷ 小鍋に鶏肉、サラダ油と、粒黒こしょう、ローリエ、タイム、パセリの軸を入れて中火にかける。沸騰してきたら小さい泡がゆっくり出る程度の火加減にし、30～40分煮る。そのまま冷めるまでおき＊、食べやすく切って器に盛る。

［ 志麻さんのフレンチの格言 ］

8

ドレッシングは酢1：油3と
覚えておけば、
何も見ずに即作れる

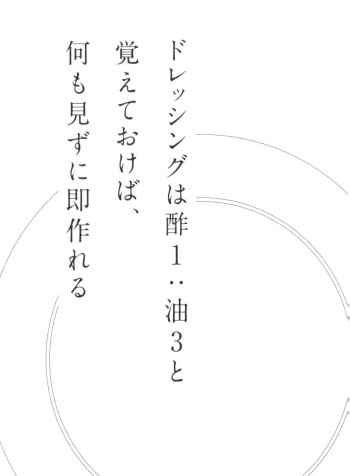

家政婦として、いろいろなお宅のキッチンにお邪魔すると、市販のドレッシングが何本も冷蔵庫に入っていることに気がつきます。一方で、サラダをよく食べるにもかかわらず、フランス人は市販のドレッシングをほとんど買いません。スーパーにもあまりドレッシングの種類を置いていないことからも、あまり使わないことがよくわかります。ドレッシングは自分で作っても2分くらいででき上がりますし、好みの味になるからでしょうか、作るのが当たり前になっているようです。マヨネーズもそのつど作るほどです。

酢1：油3という配合さえ覚えておけば、ドレッシングはすぐに作れます。ボウルに酢を入れ、塩、こしょうをします。しっかり塩を溶かし込んでから、少しずつ油を加えて白っぽくなるまで泡立て器で混ぜるだけ。家にある材料、例えば、粉チーズ、マスタード、ハーブなどを加えれば、アレンジも自由自在です。市販のドレッシングが使いきれず、冷蔵庫に何本も並んでしまうようなら、ぜひ手作りドレッシング生活、始めてみてください。

酢はなんでもいいと言いたいところですが、米酢だけだと酸が強くなりすぎてしまうので、私は、りんご酢、ワインビネガーなど、果実由来の酢を混ぜて作るようにしています。油は植物油であれば、お好みで大丈夫ですが、2種以上混ぜるとよりおいしくなります。

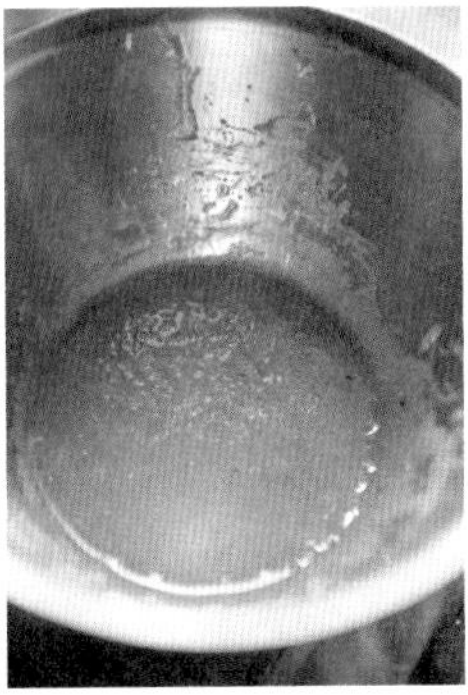

油を少しずつ入れながら混ぜることで、酢と油がしっかり混ざってとろりとなり、サラダにしっかりからむドレッシングに。

葉っぱは、上端側から一口大の三角形になるよう意識しながらちぎると、立体的にきれいに盛れるうえ、食べやすくなります。

グリーンサラダ

手作りしたドレッシングなら、
葉っぱだけのシンプルサラダも驚くおいしさ！

材料（2～3人分）

グリーンカール（カールレタス）……1/2個
酢[*1]……大さじ1
植物油[*1]……大さじ3
マスタード……小さじ1
塩、こしょう……各適量

＊1 酢や油は違う種類のものを複数混ぜると味がふくよかになる。

＊2 下にふきんを敷いてボウルが動かないようにすると混ぜやすい。

作り方

❶ グリーンカールの葉は、手で食べやすいサイズにちぎって水にさらす。ざるに上げて、よく水けをきる。葉の濃淡がバランスよく皿にのるよう盛り付ける。

❷ ボウルに塩、こしょうを入れ、酢を加えて泡立て器でよく混ぜ溶かす。油を少量ずつたらし加えながら、そのつどよく混ぜる[*2]。マスタードを加えてさらに混ぜる。①に線を描くようにかける。

［ 志麻さんのフレンチの格言 ］

9

オーブンは
ラクおかずの救世主だから
恐れず、どんどん使う

オーブンはあるけど、ほとんど使っていないという声をよく聞きます。でもフランスでは、オーブン料理はふだんの食事に登場します。それは、手間いらずだから。料理が苦手だったり、大変と感じていたりする人こそ、オーブンをもっと活用するといいと思います。

たしかに時間は少々かかります。でも、完全に手が離れるので、子どもの相手をしたり、違う家事をしたりもできるので、かえって好都合です。なにより、ただ焼くだけなのに、手抜き感が一切ないのが、うれしくないですか？　わーっと気持ちが上がるごちそうのような仕上がりなのに、ラク。オーブンを使わないのはもったいないことだなと私は思っています。

今回は、オレンジの絞り汁でマリネしたオーブン料理を紹介していますが、塩、こしょうをふって、オイルをまぶして焼くだけだって、いいのです。その間に前菜を作れば、あっという間に献立の完成です。炒め物や揚げ物のようにまわりが汚れることもありません。

オーブンのメーカー、大きさなどによって、同じ温度設定をしても焼き上がりは、かなり違ってくるもの。だから、お菓子以外はあまり複雑にせず、温度はまず180〜200℃の間であればよし、と考えて。焼き色が付かないならもっと高温に、中まで焼けてないのに焦げ付くなら温度を下げる。そんな気持ちで気軽にトライすれば、ますますラクになるはずです。

慣れるまでは、オーブン内をこまめに確認。お菓子じゃないなら、予熱もそれほど気にせず、とにかく難しく考えないことがコツです。

肉をマリネするときは、オレンジの皮もいっしょにのせて香りをうつします。パクチーがなければ、パセリの軸やセロリの葉、ローリエ、タイムなどで、マリネしてもOKです。

手羽元とオレンジのオーブン焼き

外側は歯ごたえありで、
中はジューシーふっくら。
オレンジのみずみずしさとの
相性抜群です

材料(2～3人分)

鶏手羽元 ………… 8～10本
オレンジ ……………… 1個
パクチー(香菜) ………… 適量
オリーブ油 ……… 大さじ2
塩、こしょう ……………… 適量

作り方

❶ 鶏手羽元はフォークで全体に穴をあけてトレイにのせ、しっかりめに塩、こしょうをふる。

❷ オレンジは皮を包丁でむき、薄皮に沿ってＶ字に包丁を入れて果肉を取り出す。薄皮を手で握って、皮に残った果肉からオレンジ果汁を絞り、鶏肉にかける。パクチーは葉を摘み、根元や茎は細かく切り、オレンジの皮とともに鶏肉にまぶすようにもむ。そのまま15分以上おく。オーブンを200℃に予熱する。

❸ オーブンの鉄板に手羽元を並べる(オレンジの皮は取り除く)。200℃のオーブンで約30分焼く。皿に盛り、オレンジの果肉、パクチーの葉を散らす。

［ 志麻さんのフレンチの格言 ］

10

デザートは、材料が少なく、アレンジしやすいものを一つだけ覚えておく

必ずではないけれど、フランス人は食後にデザートを食べる習慣があります。だからデザート作りとはいっても、料理のついでにできるような、簡単なレシピがいっぱい。そんなレシピの中で、私がよく作るのは、ムース・オ・ショコラ（チョコレートのムース）です。

基本の材料は、チョコレート、卵、砂糖だけ。材料が少ないことは、デザート作りのハードルをぐっと下げてくれます。製菓用のチョコレートをわざわざ用意する必要もなく、コンビニで買えるようなものでOKです。特別な型も必要ありません。今回は冷やすときにテリーヌ型を使いましたが、なければココット皿やボウルでも大丈夫です。

このムース・オ・ショコラの魅力はアレンジがしやすいこと。基本の材料は3つだけで、あとは今回ご紹介したようにクッキーを砕いて加えたり、洋酒を最後に混ぜ込んだり。ちなみにそのまま冷凍すれば、アイスにもなります。耐熱容器に入れて、オーブンの230℃で2分焼き、180℃に下げてさらに20分焼けば、ガトー・ショコラになります。

レストランではないのだから、家庭で作るデザートは、複雑にしなくていいと思っています。それより、作りたいと思いたったらすぐ作れる、アレンジ自在のデザートを一つ覚えておくと、本当に重宝します。

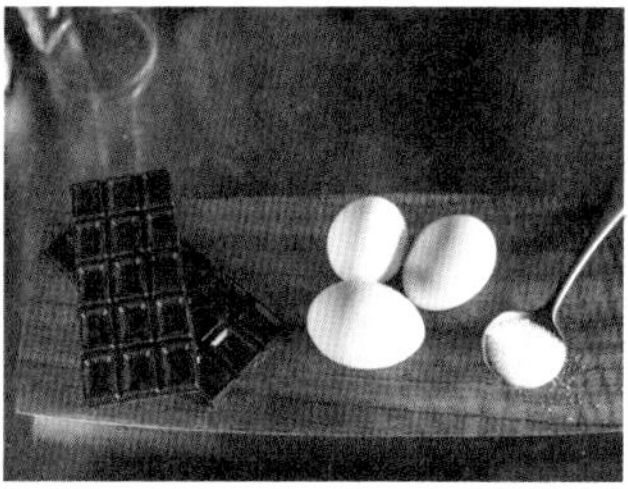

基本材料は、チョコレート、卵、砂糖。たった3つだけ。材料が少ないだけで、お菓子作りのハードルはぐっと下がります。

ムース・オ・ショコラ

濃厚なチョコレートが
ふんわりと口にとろけます。
砕いたクッキーをアクセントに

材料（作りやすい分量）

市販の板チョコレート……………2枚（100ｇ）
卵……………………3個
砂糖……………大さじ1
市販のクッキー…………6枚

＊このときへらなどで混ぜる必要はなく、自然に溶けるにまかせてOK。

作り方

❶ 耐熱のボウルにチョコレートを割り入れる。フライパンに湯を沸かし、沸騰したら火を止める。チョコレートのボウルの底をフライパンの湯にあてて（湯せん）＊、溶かし、ボウルを湯から引き上げる。

❷ 卵は卵黄と卵白に分ける。卵白は大きなボウルに入れて電動泡立て器で泡立てる。ふわっと泡立ってきたら、砂糖を加え、つのが立つまでよく混ぜる。卵黄はチョコレートのボウルに入れ、よく混ぜる。卵白の⅓量をチョコレートのボウルに加え、泡が消えるまでしっかりと混ぜ込んでから、卵白のボウルに戻す。このときは、白い部分が見えなくなるまで、でも泡を消さないよう大きく混ぜる。クッキーを細かく手でくだいて加え、さくっと混ぜる。容器に入れて冷蔵庫で1時間ほど冷やす。

タサン家のいつもごはんができるまで

この本を作っていたころの、ある日の晩ごはんができるまでをご紹介します。

Step1
家にあるものを思い出しつつ買い物

私は、あまり買いだめをせず、その日の夕食の買い物は、その日にしたいと思っています。比較的近くにスーパーがあるのと、このころは育休中ということもあり、それが可能でした。家にあるものと、スーパーの特売品や旬の野菜の様子などを見ながらメニューを決めます。この日に買い足したのは、豚肉といんげんとグリーンピース。

Step2

使う素材を冷蔵庫や収納庫から出す

メニューは買い物をしながら決めるので、帰宅したら、家にある食材で今日使うものを冷蔵庫や棚、床下収納庫からまとめて出します。使い忘れがなくなりますし、そのつど、冷蔵庫や収納庫を開ける手間がなくなり、効率的です。

Step3

時間のかかる料理から、取りかかる

家政婦として、お客様のお宅に出向くときも、家で家族の夕ごはんを作るときも、大切なのは、時間がかかるものから取りかかること。今日は、豚のすね肉の煮込みと春野菜のバターあえにするので、まずは肉を切り始めます。

Step 4
鍋を火にかけ、肉を焼き始める

肉を切ると同時に、ほかの野菜を切ったり、別の下ごしらえを始めたりする人も多いと思いますが、私は、とにかくまず肉を焼き始め、時間を効率的に使います。煮込みは時間がかかるので、待ちの工程ができるまで先に進めておくのが、少しでも早く仕上げるコツです。

Step 5
副菜の下ごしらえ

肉を焼きながら、野菜の下ごしらえをスタート。肉は表面にしっかり焼き色が付くまで焼くことで、うまみが増します。だからここでは、肉はあまりいじらずじっくり焼くので、待ち時間が発生。その間に副菜に使う野菜の下ごしらえを進めます。肉が焼ける音や香りは敏感に感じ取りながら、手は違う作業を。

Step 6
煮込み中は、ほかの家事を

豚肉の鍋に、トマト缶などを入れて煮込みをスタート。隣の鍋には、じゃがいもや春野菜を時間のかかる順番に入れて、蒸しゆでに。待ちの時間ができたら、今日の夕食はそのまま離乳食にできるものがないので、その準備をしたり、洗濯物をたたんだり。煮込みは手が離せるので、その間、ほかの家事が進められます。時短ではないけれど、ラクな料理なんです。

煮込みが完成するタイミングに合わせて、付け合わせの春野菜をじゃがいもの小鍋に。柔らかくなったら最後にバターを混ぜて完成です。付け合わせだけ大皿に移し、煮込みは鍋ごとテーブルへ。それぞれ、自分が食べられる量だけ自分の皿に取り分けて、さあ、みんなでいただきます！

料理完成！
家族そろって食卓でいただきます!

LE REPAS
appuie!
DESSERT

4章

〝ちょっとフレンチ〟な考え方で心が軽くなる子育て＆家仕事

焦らずのんびり。楽しく待って、楽しく食べるのがフランス流

フランスで、夫の家族を訪ねたときのこと。夕食をいっしょに食べようとのお誘いで出かけて行ったら、スーパーで買い物をするところからのスタートでした。そこから食事の準備を始めます。それもバタバタ大慌てというわけではなく、うさぎのマスタード煮込みをのんびり仕込んでくれました。付け合わせのフライドポテトも一から揚げたてです。

でも、実際のところ、煮込みの準備自体には時間はかかりませんし、フライドポテトもシンプルだから、作っている人がキッチンにこもりっきりということはありません。そして作った人も、客である私たちといっしょにワインを飲みながら料理ができ上がるのを待ちました。

フランス人と食卓を囲むと、待つことが当たり前です。待たせているからといって焦ることはありませんし、待たされているからといらいらもしません。みんなで食卓に座って、楽しくおしゃべりをしながら待つ。フランスでは、待つことも食事の一部なんだと感じます。それは

日々の食事でも同じです。日本のお母さんはいつも台所に立ちっぱなしで焦っています。私もそれが当然だと思っていました。だから、フランス人がラクにのんびり料理をしているのを見たときは衝撃！　でも、それでいいんだと思ったら、料理がもっと楽しくなりました。

待っている間は、ちょっとしたおつまみをつまむのがフランス流。ラディッシュにバターと塩を添え、おのおの付けながら食べるだけという本当に簡単なおつまみがあったり、買ってきたサラミを自分たちで切り分けながらつまんだり。わが家でお客様を迎えるときは、ロマンの提案で、必ずカラフルなプチトマトを食卓に並べます。「そのままつまんでおいしいから」というのが、その理由。日本人の私からすると、お客様にプチトマトをそのまま？　と思ってしまいますが、食事作りは、それくらい気楽に考えていいのだということを教わりました。

フランス人と食事をすると、何を食べるかではなく、食卓でどんな話をするのかのほうが、重要だと感じます。わいわいガヤガヤ、たくさんの話をします。すると自然に笑顔があふれ出る。そんな様子を見ていると、子どもたちも食べることは楽しいことだと自然に思うようになります。おいしいことも、栄養も、もちろん大切。でも、今は、子どもたちに楽しい食卓をたくさん経験させ、食べることの楽しさをまず伝えたい。そう考えるようになりました。

ママがいっぱいいっぱいになって笑顔がなくなってしまうより、楽しく笑顔で食事をすることがいちばんの食育な気がします。

疲れていたら、私も買ってきた惣菜を並べることだってあります。罪悪感を抱く必要はなく、食卓が楽しければ、それでよしです。

食事が楽しいことを子どもに伝えるためにも、私も楽しくいっしょに食べながら、テーブルを囲むようにしています。

大人も子どもも同じものを食べることが、フランス式の食育

フランスでなるほど！　と思ったことの一つが、大人も子どもも同じものをよく食べているということ。離乳食さえ、大人のものの一部を食べさせることが多いと感じます。だから、わが家でも2歳の長男には、できるだけ大人と同じものを食べさせています。

フランス料理には、ピュレという、じゃがいもや野菜をすりつぶした付け合わせがあります（108ページ参照）。肉など、しっかりした味付けのものに合わせることが多いので、ピュレ自体の塩味はごく控えめ。すりつぶしてあるから、離乳食時期の子どもにも食べさせることができますし、親である大人も大好きです。柔らかくなるまで火を通すことで野菜本来の甘みが引き出され、子どもも抵抗なく野菜を食べる習慣につながっていると感じます。

和食はどの料理にもまんべんなく味を付けてしまうので、フランス料理のやり方をそのまま真似するのは難しいことも多いですが、子どもと大人が同じものを食べるメリットはたくさん

あるので、大人と子どもの食事は別のものにすると決めつけないことにしています。

もしかしたら子どもだって、親が「おいしい」と食べているものを食べさせてもらえないのは、つまらないと感じているかもしれません。親がおいしそうに食べているのを見ると、子どもは真似をしたくなるもの。わが家でもロマンが「これ、おいしいね〜」と言いながら、喜びつつ楽しそうに食べていると、長男は「僕も、僕も」と言って食べたがります。すると、苦手なものまで「おいしい」と言って食べることも。大人にも子どもにも同じものを出し、大人がおいしそうに食べることも、食育なんだと気がつかされました。

豚すね肉の煮込みと春野菜のバターあえ。大人は大きいまま盛り付けますが、子どものぶんは子どもの目の前で小さく切り分けます。そうすることで自分も親と同じものを食べていることを認識。野菜も柔らかめに、甘みを引き出すようにゆでれば、おいしく食べてくれます。

大人が食べ終わるまで、子どもも食卓にいるのがルール

フランスに住んでレストランで研修をしているとき、子どもたちが食事をする姿に出くわすこともありました。そのとき驚いたのが、子どもたちが騒ぐことなく、おとなしく、大人といっしょに食卓についいて食べているということ。日本とは少し違うなと感じていました。

ロマンと結婚し、フランスの家庭を訪ねることが増え、自分たちの子どもとの暮らしが始まって、その理由がわかってきました。親が楽しく、おしゃべりをしながらテーブルを囲んでいるところに、子どもたちは必ず、いっしょに座っています。親と同じものを食べると先ほど書きましたが、ずっと同じテーブルにいるというのも、フランスらしい習慣だと感じます。

子どもはすぐ飽きてしまうので、私はつい、息子を椅子からおろして遊ばせてしまうのですが、ロマンはできるだけ、親が食べ終わるまでテーブルにいさせようとします。もちろん、どうしても離れたがることもありますが、そういうときも、自分勝手にテーブルを離れることを

許さず、ちゃんと親の許可を取ってからという、順番を守らせます。この繰り返しで、子どもは、おとなしくテーブルにつくことを学んでいくようです。

いっしょに食卓につくことのメリットは、マナー面にだけあるわけではありません。親と食事をすることで、子どもは親が楽しそうに食事をしている様子を見ることになり、自然に食べることの楽しさを知っていきます。おいしいことはもちろん大切だけど、みんなに楽しいって思ってもらえるほうが、もっとうれしいので、私自身も、家族で食卓を囲む楽しさをどんどん子どもに伝えていきたいです。

ぐずり始めても、ロマンは食べることを根気よく促します。子どもだけを食べさせるのではなく、親もいっしょに食べることで子どもも食べることに集中ができ、テーブルを離れなくなる気がします。

大皿や鍋ごとドーンで取り分ける方式はメリットいっぱい

和食には主菜と副菜以外に、ごはんとみそ汁があります。それぞれを盛り付けるだけで手間がかかりますし、食器もかなりの数。私は3人兄弟、祖父母もいっしょだったので、計7人で食事をしていました。盛り付けだけでも時間がかかり、母は座る暇もなかったなと思います。

今、わが家の料理は、鍋やフライパンごと、もしくは大皿に盛って、食卓にどーんと出すというスタイル。フランスの家庭では基本、こんな感じです。おのおのに1皿ずつ取り皿を出せばOK。スープがない日は、前菜もメインも付け合わせも、皿1枚でいただけます。みんながテーブルに付き、それぞれが食べたい量を取り分けて食べるので、キッチンで盛り付ける必要がなく、配膳用のスペースも不要に。使う食器が少ないので、皿洗いも本当にラク。そのうえ、盛り分けて運んでいるうちに冷めてしまうということも防げて、いいことばかりです。

この取り分け方式のさらなるメリットは、食べる人も料理に参加できること。食が受け身でなくなるのです。フランスでは、取った料理は責任を持って食べきることがマナー。自分で皿に取ったのに残すときつく叱られます。だから、その日のお腹の空き具合や体調に合わせて、大人も子どもも自分が食べられる量を考えて、取り分けます。親が量を決めるとどうしても受け身になってしまいますが、自分で決めれば、幼いなりに、自分の選択に責任を感じるよう。自然に自分の体調も意識するようになり、自己管理、体調管理にもつながります。

自分のことは自分で決めるという、訓練にもなると思います。毎日のことだから、日々の積み重ねでできるようになるもの。なにより息子を見ていると、自分で決めるということがうれ

煮込みは鍋ごと、テーブルへ。おしゃれなホーローの鍋ではありませんが、黒のシックなタイプを選んでいるので、食卓にそのまま出しても、さほど違和感ありません。

しそう。子ども扱いされていないことを感じるのかもしれません。まだ2歳なので本人に確認しながら、親が取り分けることが多いものの、自分で取り分けるときもあるほどです。

もちろん、料理を鍋ごとテーブルに出すなんていやという人もいらっしゃいます。素敵な器がたくさん並ぶ食卓が好きな人もいるでしょう。でも、こんなラクな方法があることも知っておき、気持ちが焦っているとき、忙しいときに試してみるのもいいかもしれません。「今日は、フランス式で！」と考えれば、後ろめたさも払拭《ふっしょく》できます。食事の準備が苦でなくなり、気持ちもラクに。それが楽しい食卓につながるのなら、そんな方法もありです。

わが家では、取り分け皿は〈イケア〉のものを使用(p.84参照)。シンプルなので、どんな料理にも合います。この日は、豚すね肉のトマト煮込みに、1つ鍋で蒸しゆでにしたじゃがいもや春野菜のバター あえを付け合わせに。パンを添えれば立派な夕食になります。

教科書的にがんばらず、フランス式に考えればラクになる

子どもを育てていると、離乳食一つとっても、私たち日本人はまじめだなと感じます。離乳食の本を見ても日仏の違いは大きく、日本の本のほうがより教科書的。栄養の話が多く、「このとおりにしなければダメ！」という強迫観念にかられてしまいます。

子どもによって食べる量も好き嫌いも違うものなのに、情報が多すぎるせいか、知識に振り回されて、食べない子どもを前に落ち込んだり、腹を立てたり。でも、ロマンは、もっと自由でおおらかです。最近は、次男の離乳食作りにはまり、フランスの離乳食本を見ながら、いろいろ準備してくれていますが、日本とは違って米を日常的に食べる文化圏ではないので、野菜を中心とした離乳食です。わが家では長男、次男で好きなものが正反対。長男は米を使った離乳食を喜んで食べてくれましたが、次男は一切だめ。それもあって野菜中心になりました。

日仏でも考え方は違うし、子どもによっても違う。そんな事実に直面すると、正解は一つじ

ゃないんだということに気がつきます。「こうしなければ」にとらわれず、まわりとも比べず、もっと、その子ども本人に意識を集中することのほうが大切なんですよね。

離乳食だけでなく、ふだんの食事作りも同じです。手作りで、栄養バランスを考えて、愛情たっぷりのごはんを食べさせなきゃって、お母さんたちはがんばっています。でも作る人が苦しいと、食卓は楽しくなくなってしまいます。がんばりすぎて苦しくなって、そのせいで子どもが窮屈に感じる食卓になってしまうくらいなら、買ってきたお惣菜を並べて、家族みんなでゆっくり食べて、笑っているほうがいい。私はそう思っています。

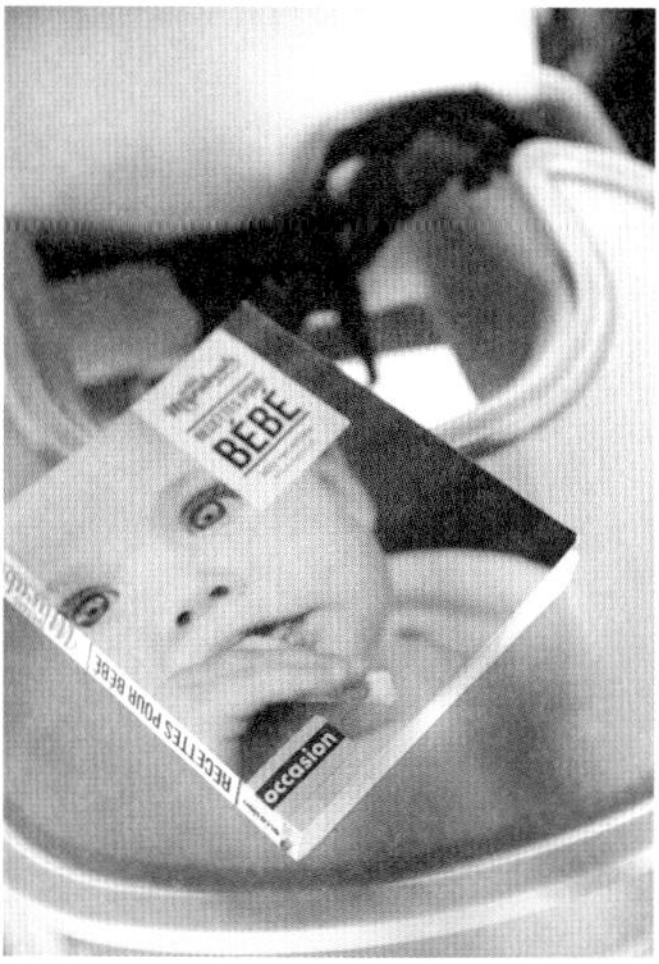

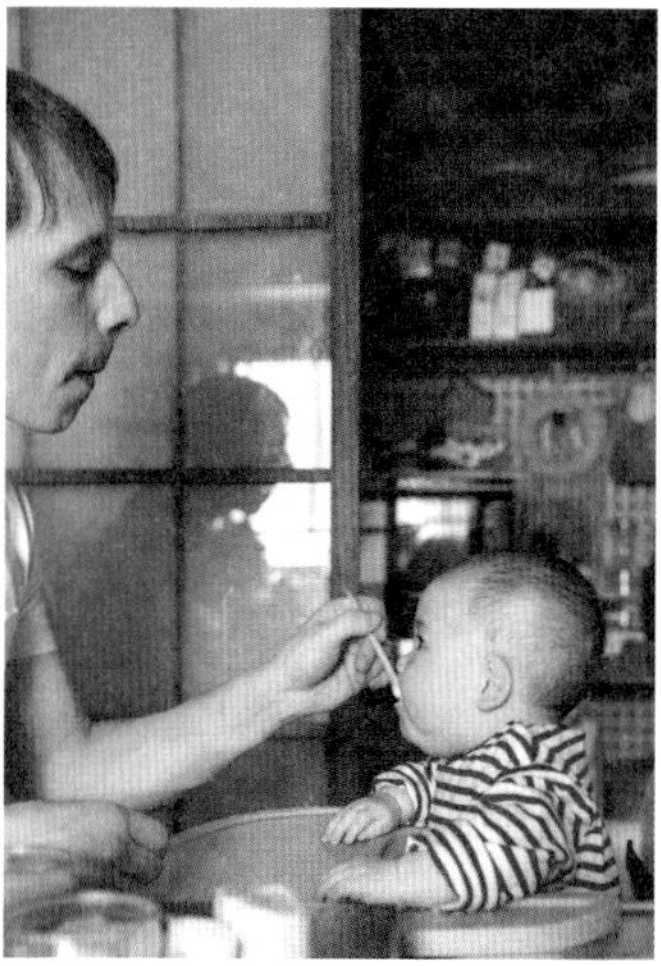

上は、ロマンが参考にしている離乳食本。いつも、まとめて作って冷凍してくれています。ロマンは、おかず系のピュレの後に、必ずデザート代わりのフルーツのピュレを食べさせていて、フランス人らしいなと感じます。

しつけに厳しく、子どもを子ども扱いしないフランス人

大人が食べ終わるまで、子どももいっしょに食卓に座らせておくという話をしましたが、そんな具合に、案外フランス人はしつけに厳しいなと思うことがよくあります。ロマンはまだ20代中盤と若く、子どもといっしょになって歌ったり踊ったりとよく大はしゃぎをしますし、どっちが子どもかわからないと思うことも多いのですが、子どもたちが悪さをしたり、わがままを言ったりしたら、ビシッと叱ります。たとえ息子が泣き出しても、だめなものはだめとはっきり伝え、それでも言うことを聞かなかったら、「Au coin!（オ・コワン！＝隅へ！）」と言って、部屋の隅に連れて行き、壁のほうを向かせて反省を促すこともあります。

フランスでは、今も、大人が子どもに対して上位に立っていると感じます。だから、親どうしなど、大人が話をしているときに息子たちが割り込んでこようとすると、「今は、お話をしているから待っていてね」と説明し、子どもをいつも優先することはしません。私が子どものこ

ろは、祖父や父がピリッとした空気を作り、子どものわがままを許さない雰囲気がありましたが、ちょっと、その時代の日本に似ているなと感じることがあります。

叱るときは、頭ごなしに怒るというより、なぜダメなのか、大人に説明するのと同じように、言葉で説明しようとするのも印象的です。小さい子どもだからわからないとは決めつけず、子どもを子ども扱いせず、論理的に説明するのがフランス人の特徴。ロマンも遊ぶときは思いっきり遊んで、子どもをすごく喜ばせる一方、叱るときは、言葉を尽くして叱っています。感情的に怒ってしまうよりも、親も冷静になれるので、とてもいいことだなと感心しています。

フランス人の親が赤ちゃんといっしょに寝ないメリットとは？

日本では子どもが生まれたら、親と赤ちゃんがいっしょに寝るのが一般的だと思います。子どもが小学生になっても、親子が川の字に寝ているという家庭も多いのではないでしょうか？フランスでは、それは、ほぼありえません。それどころか、生後数カ月のころから、親とは別の部屋で赤ちゃんを一人で寝かせるというお宅も多いようです。

わが家でも、基本、2歳の長男はもちろん、0歳の次男も、夫婦の寝室とは別の子ども部屋で寝ています。泣き声がしたら様子を見に行きますし、別の部屋から子どもの様子を観察できるベビー用モニターも導入しています。寝ている間、別の部屋まで何度も様子を見に行く必要があり、ミルクのたびに起きていかなければならず、最初は大変です。でも、一人で寝ることで子どもは自分の睡眠リズムを作ることができるのか、寝る訓練になるのか、自然と一人で寝ることに慣れていく気がします。とはいえ、わが家では長男のときはスムーズにいきましたが、次男はなかなかうまくいかないので、子どもによっても違いはあると思います。

フランスでは、日本よりずっと早くから子どもを自立させようとする傾向があります。子どもといっしょだと親はゆっくり寝られませんし、疲れます。子どもが生まれたからといって、100%子ども中心の生活にしないのがフランス人。夫婦関係が良好であってこそ、子どもも幸せと考えているようです。どちらのやり方が正しいというつもりはありません。でも違う考え方があると知ることは、それぞれの家族にあったやり方を導き出すのに役立ってくれます。

子ども部屋には2段ベッドを。今は上の段は収納スペースになっていて、下の段に長男、さらにその下にあるサブベッド的なところを引き出して次男を寝かせています。

フランスでは、夫も当たり前に家事をする

夫のロマンは私より早く起きて掃除をしたり、子どものミルクを用意したりしています。二人をお風呂に入れるのはロマンの担当で、出るタイミングを待って私が順番に入浴後のケアをします。料理は私、皿洗いはロマン。どっちの仕事と決めているわけではなく、できるほうがする体制ではありますが、こんな風に自然に家事を分担するようになりました。

日本でも、最近は家事シェアという言葉が生まれ、男性も家事に参加するようになってきましたが、フランスはもっと前から当たり前。フランス人男性が家事をやる理由をロマンに尋ねたら、「やるのが当たり前なんだけど……」と、なぜ理由を問われるのかがわからないといった様子。それくらい、家事をしよう！　と肩に力を入れることなく、自然体で家事をします。

私なりに理由を考えてみると、フランスでは母親だけが、ではなく、両親がともに家事をする様子を見ながら育っているというのが大きいかもしれません。そして、日本人より外で働く時

間が短く、男性も家にいることや、友人とも夫婦単位でつき合うので、父親だけが出かけるシチュエーションがあまりないこと。これらの要因も大きいですよね。

家事って、お互いを理解し、思いやっていたら自然にやろうとするもの。ずっとおしゃべりをしているフランス人は、夫婦間でもたくさんの話し合いをしています。それも家事シェアに大いに役立っている気がします。ちなみに、ロマンの家事ぶりは中途半端だな〜と思うことはたびたびあります。目をつぶったり、ときどき改善をお願いしたり、怒ったふりをしたり。完璧な家事シェアではありませんが、話し合いながら楽しくやっていきたいと思っています。

子どもの相手をするのはロマンは本当に得意。手洗いなど、やるべきこともきちんとケアしてくれます。調理場で働いていたこともあるので、皿洗いもお手のものです。

たくさんおしゃべりするフランス人に学ぶこと

フランス人はとにかくよくしゃべります。それは、食卓でごはんを食べるときだけでなく、いつでも。レストランで働いていたとき、日本では、無言で食べるだけというカップルを何度となく見かけましたが、フランスでは考えられません。もちろんフランスにだって無口な人はいるでしょうが、それでも自分の意見は、きちんと話さなければいけないという文化です。そして、聞く人も相手の意見として尊重して聞いてくれると感じます。

メトロ（地下鉄）やバスに乗っていても、スーパーでレジに並んでいても、見知らぬ人どうしで突然会話が始まることも日常茶飯事。それくらい、人と話すこと、おしゃべりすることが当たり前なんです。明らかにアジア人の顔をしている私相手でさえ同じで、最初はびっくりしましたが、今では、他人には関わらない傾向にある日本より、心地いいなと思います。

思っていることは伝えないと相手には伝わりません。言わなくてもわかってくれるは、通用

しません。それは社会のいちばん小さい単位である夫婦でも同じこと。私とロマンは、日本とフランスという、違う文化で育ちました。だから、より互いが思っていることを伝えなければと思って、たくさん話をします。でも、それは日本人とフランス人だから話す必要があるのではなく、どの夫婦だって、どの家族だって、やっぱり同じ。それぞれは違う個人だから、話さないとわからないことはいっぱいあります。その積み重ねで相手のことを理解し、自分のことも理解してもらえる。だから、私はおしゃべりなフランス人を見習って、食卓でも楽しく話すし、子どもたちにも、おしゃべりすることの楽しさ、よさを伝えたいと思っています。

リビングの壁に貼った子どもたち１カ月ごとの成長の記録。楽しく、いつも笑いのある家族でありたいです。子どもたちには､｢こうでなきゃダメ｣という一つの価値観にとらわれることなく、自由に生きていく力をつけてほしいと願っています。

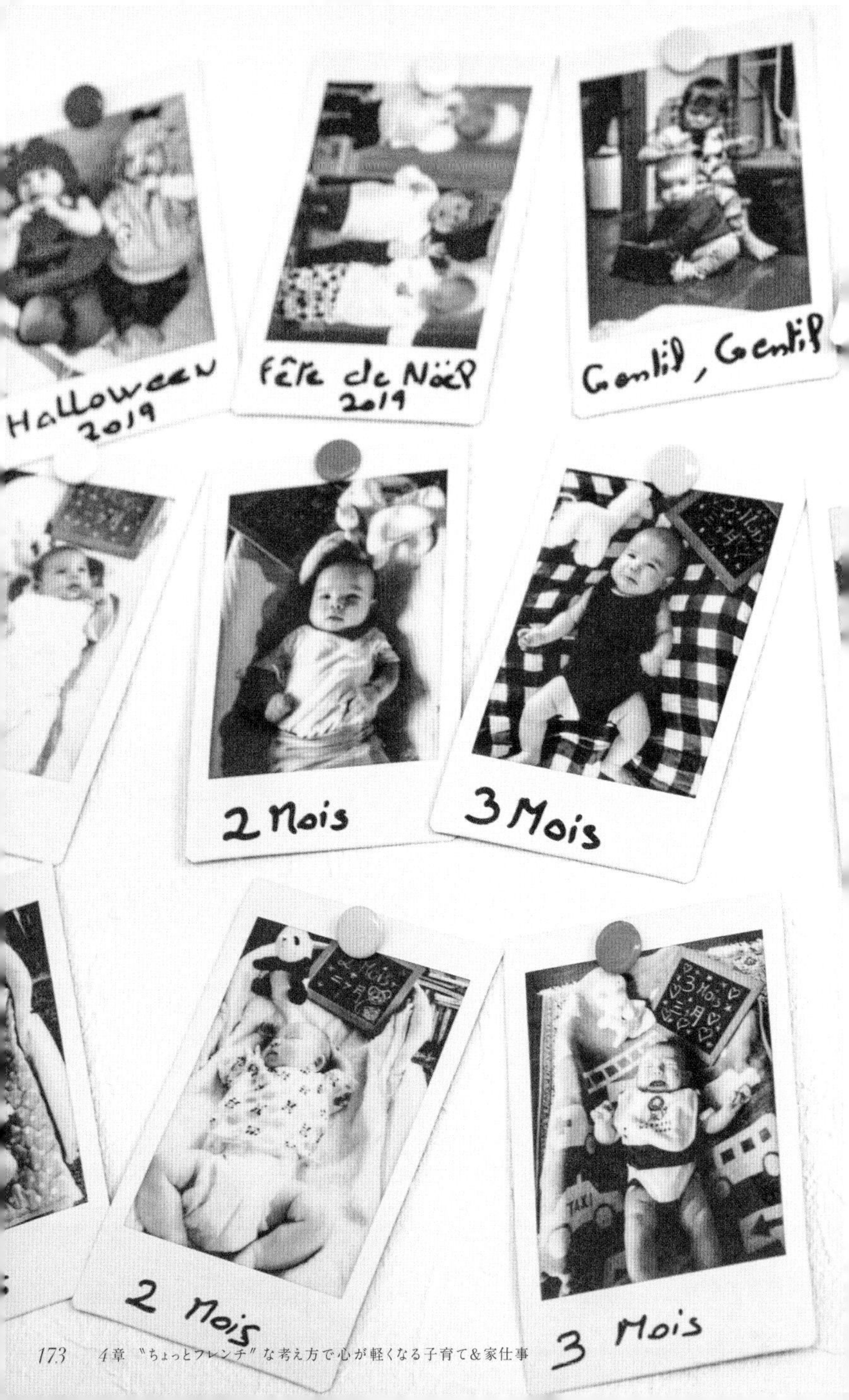
Halloween 2019
Fête de Noël 2019
Gentil, Gentil
2 Mois
3 Mois
3 Mois 三月
2 Mois
3 Mois

おわりに

この本のタイトルを見て、タサン志麻の暮らしは、〝ちょっとフレンチ〟でおしゃれなの？と思ってこの本を手に取って読んでくださった方は、あまりフランスっぽくなくて、おしゃれでもなくて拍子抜けされているでしょうか？　わが家には、フランスのアンティーク家具もないですし、フランスの台所道具でまっさきにイメージするような、カラフルな鋳物ホーローの鍋もありません。ＤＩＹはしているけれど、パリジェンヌのインテリア特集などに登場しそうなインテリアでもありません。がっかりさせてしまっていたら、ごめんなさい。

でも、「はじめに」にも書いたように、フランス人の考え方、価値観に出会ったことで、私は気持ちがラクになり、助けられました。そんな考え方や価値観は、私の暮らしのあちこちでエッセンスとなっています。だから、〝ちょっとフレンチ〟な暮らしなんです。

私が知っているフランスは、フランスのほんの一部だと思います。この本に書いたことは、

私の目から見て感じているフランスであり、私よりフランスをよく知っている人が読んだら、一面的と感じるところもあるかもしれません。そして、私がフランスらしいと思っていることは、もしかしたら、ほかの国でもあてはまることかもしれません。

私が伝えたいのは、フランスや、フランス人の考え方、価値観が何よりすばらしいってことではまったくなく、世の中には、違う価値観やいろいろな考え方があるし、あっていいということ。私はフランスを知ったことで、気楽になりましたし、自分は自分でいいという風に、自己肯定できるようになりました。だから、ごはん作りや日々の家事、そして子育てに対して、まじめに、がんばりすぎてしまっている人たちに、私の暮らしぶりを見ていただくことで、「こうじゃなきゃ！」って自分を縛る必要なんてないし、「もっと自分らしく気持ちをラクにしていい」と思ってもらえたら、と願っています。

自分の考え方に自信を持って、日々をもっと楽しく暮らす。そんなきっかけやヒントにこの本がなりますように！

タサン志麻

撮影　新居明子（DIY前の写真などは著者提供）
ブックデザイン　knoma
イラスト　市村　譲
取材・聞き書き　晴山香織（1章&2章）、加藤郷子（その他）
編集・構成　加藤郷子
マネジメント　平田麻莉
校正　深澤晴彦
編集統括　吉本光里（ワニブックス）

ちょっとフレンチなおうち仕事

著者　タサン志麻
2020年6月1日　初版発行
2020年8月1日　3版発行
発行者　横内正昭
編集人　青柳有紀
発行所　株式会社ワニブックス
〒150-8482
東京都渋谷区恵比寿4-4-9　えびす大黒ビル
電話　03-5449-2711（代表）　03-5449-2716（編集部）
ワニブックスHP　http://www.wani.co.jp/
WANI BOOKOUT　http://www.wanibookout.com/
印刷所　株式会社美松堂
製本所　ナショナル製本
定価はカバーに表示してあります。

ISBN 978-4-8470-9920-5